UDO RAUCHFLEISCH
NACH BESTEM WISSEN UND GEWISSEN

Neue Beiträge
zur Erziehungs- und Familienberatung

Herausgegeben von
Friedrich Specht, Karl Gerlicher, Klaus Schütt

Band 6

Udo Rauchfleisch

Nach bestem Wissen und Gewissen

Die ethische Verantwortung in Psychologie und Psychotherapie

Verlag für Medizinische Psychologie
im Verlag Vandenhoeck & Ruprecht in Göttingen

CIP-Kurztitelaufnahme der Deutschen Bibliothek

Rauchfleisch, Udo:
Nach bestem Wissen und Gewissen: d. eth. Verantwortung in Psychologie u. Psychotherapie / Udo Rauchfleisch. – Göttingen: Verlag für Medizin. Psychologie im Verl. Vandenhoeck u. Ruprecht, 1982.

(Neue Beiträge zur Erziehungs- und Familienberatung; Bd. 6)

ISBN 3-525-45456-2

NE: GT

 Druck: Hubert & Co., Göttingen

Vorwort

Mit "Nach bestem Wissen und Gewissen" haben die Herausgeber einen Band in die Schriftenreihe aufgenommen, dessen Manuskript zunächst ohne unmittelbaren Bezug zu der Tätigkeit von Erziehungsberatungsstellen entstanden war. Einerseits reicht die Problematik, die der Verfasser aufgegriffen hat, weit über den Bereich der Erziehungsberatungsstellen hinaus. Andererseits kann der Untertitel den Eindruck erwecken, als beträfe diese Problematik lediglich eine Fachrichtung, die der Psychologen. - Die Herausgeber sehen indessen in den Überlegungen und Schlußfolgerungen von RAUCHFLEISCH einen Beitrag, dessen Fragen und Antworten für alle im Feld der Erziehungsberatung Tätigen gleichermaßen bedeutend sind. So wie es sich die Schriftenreihe zur Aufgabe gemacht hat, handelt es sich um einen "neuen Beitrag zur Erziehungs- und Familienberatung".

"Nach bestem Wissen und Gewissen", das mag ebenso wie die Sätze aus den berufsethischen Verpflichtungen für Psychologen, die dem Band vorangestellt worden sind, unumgänglich und selbstverständlich erscheinen. RAUCHFLEISCH zeigt, daß es nicht um einmalige Bekenntnisse gehen kann, sondern um Auseinandersetzungen, die immer wieder aufs neue geführt werden müssen. Inhalt und Kennzeichnung der vorangestellten Thesen weisen bereits auf Konflikte hin: "Berufsethik" welcher Fachrichtung auch immer wird leicht mit dem Anspruch einer privilegierten Kaste verbunden, hat in Wahrheit aber wohl zu bedeuten, daß eine Berufsgruppe in besonderem Maße Versuchungen ausgesetzt ist, von allgemeinen ethischen Grundsätzen abzuweichen, und daß sie in Spannungsfeldern zu handeln hat, die besondere Orientierungen notwendig machen. - Die Verpflichtungen, Eigenverantwortlichkeit jedes Menschen zu respektieren, auf sein Wohl bedacht zu sein und für die Grundlagen des Zusammenlebens in einer Gesellschaft einzutreten, können zueinander in unauflöslich erscheinende Widersprüche geraten.

Oft ist es schwierig - das zeigt letztlich auch dieser Band - zu erkennen, worauf sich dann Standpunkte und Handeln berufen, etwa

- auf allgemeine ethische Grundsätze, deren Einhaltung in einem beruflichen Konfliktfeld schwierig werden kann, wie: erbetene Hilfe nicht versagen, der Wahrheit nicht widersprechen, sein Wort nicht brechen, Kenntnisse und Fähigkeiten nicht zur Ausbeutung anderer mißbrauchen;
- auf kodifiziertes Recht, wie es etwa im Grundgesetz der Bundes-

republik Deutschland Grundrechte garantiert und durch strafrechtliche Bestimmungen - z.B. vor Verletzungen von Privatgeheimnissen (§ 203 StGB) - besonders schützt oder auch die verpflichtende Garantenstellung bei besonderen beruflichen Aufträgen unterstreicht;

- auf Berufspflichten, in denen nicht nur ethische Grundsätze und gesetzliche Bestimmungen auf die spezifischen Probleme eines bestimmten Berufsfeldes angewandt werden, sondern daneben auch die Abgrenzung einer Berufsgruppe durch Standards der Qualifikation, die Sicherstellung von Handlungsspielräumen und der Zusammenhalt der Berufsgruppe Berücksichtigung finden;
- auf Vorstellungen von der eigenen Berufsausübung und deren Voraussetzungen, wie fachliche Unabhängigkeit, ökonomische Sicherheit, Schutz der eigenen Persönlichkeitsrechte.

Bei der Vorbereitung dieses Bandes ergab sich, daß bereits zwischen der Schweiz - wo der Verfasser tätig ist - und der Bundesrepublik Unterschiede der gesetzlichen und institutionellen Regelungen für das Problemfeld vorhanden sind. Es wurde versucht, dies in den entsprechenden Zusammenhängen deutlich zu machen und zu berücksichtigen.

Die Herausgeber hoffen, daß der Beitrag von RAUCHFLEISCH Erörterungen, Auseinandersetzungen und Klärungen über wesentliche Grundlagen der Erziehungs- und Familienberatung anregen wird.

August 1982 Friedrich Specht

Inhalt

"Der Psychologe achtet die Würde und den Wert des Individuums; er berücksichtigt, daß alle Menschen in gleicher Weise Anspruch auf diese Achtung haben. Der Psychologe respektiert das Recht jedes Menschen, in eigener Verantwortung nach seinen Überzeugungen zu leben."

"In jeder beruflichen Tätigkeit ist er auf das Wohl der Menschen bedacht, die von seiner Berufsausübung betroffen werden; er weiß sich dem Dienst am Individuum und an der Gesellschaft, in der er lebt, verpflichtet."

(Berufsethische Verpflichtungen für Psychologen. Herausgegeben vom Berufsverband Deutscher Psychologen e.V.)

1. Einleitung

Es mag den Leser verwundern, daß ich gerade zwei so allgemeine Grundsätze, wie sie in den beiden ersten Absätzen aus den berufsethischen Verpflichtungen für Psychologen (herausgegeben vom Berufsverband Deutscher Psychologen; s. auch die Hinweise mit fast gleichem Wortlaut in den Schweizer Richtlinien) formuliert sind, diesem Buch programmatisch vorangestellt habe. Dieses Erstaunen mag umso größer sein, als es Formulierungen sind, denen vermutlich jeder - ob Fachmann oder Laie - spontan und ohne Einschränkung zustimmen wird.

Doch gerade hier liegt der Kern des Problems, um das es mir in diesem Buch geht: Wir stellen uns als Psychologen voll hinter die berufsethischen Verpflichtungen und betonen beispielsweise in fachlichen Diskussionen oder gegenüber der Öffentlichkeit, daß wir uns unserer Verantwortung sehr wohl bewußt seien. Dabei entsteht oft der Eindruck, als gebe es bei unserer Berufsausübung keinerlei ethische Probleme, und wenn, dann nur solche, die sich letztlich in eindeutiger Weise lösen ließen. Daß dem jedoch nicht so ist, kann der aufmerksame Leser der zitierten Passagen bereits aus einem Detail entnehmen, das mir paradigmatisch für viele andere Probleme dieser Art zu sein scheint: Es ist im zweiten Absatz nicht nur die Rede vom "Dienst am Individuum", sondern die Verfasser der Richtlinien haben ausdrücklich auch den Dienst "an der Gesellschaft" erwähnt. Bereits in diesem Spannungsfeld zwischen Individuum und Gesellschaft eröffnet sich ein breites Spektrum schwer lösbarer ethischer Probleme, denen sich der Psychologe in seiner täglichen Arbeit stellen muß und bei denen er Entscheidungen zu treffen und diese zu verantworten hat.

Dieses hier nur kurz angeführte Beispiel möge genügen, um aufzuzeigen, worum es mir im folgenden geht. In der Gegenwart, in der die Psychologie in nahezu alle Lebensbereiche Eingang gefunden und damit dem Psychologen große Einflußmöglichkeiten eröffnet hat, scheint es mir mehr denn je notwendig zu sein, daß wir die ethischen Grundlagen unseres Handelns reflektieren und uns bewußt mit der Verantwortung auseinandersetzen, die wir in unserem Beruf übernehmen müssen.

Angesichts dieser Tatsache muß es uns zu denken geben, daß ethische Fragen in der psychologischen Literatur nur sehr selten und - wenn überhaupt - im allgemeinen lediglich am Rande diskutiert werden. Bei einer Durchsicht der Standardwerke der Diagnostik, der Darstellungen der verschiedenen Therapierichtungen, der Abhandlungen aus den Gebieten der allgemeinen Psychologie, der Persönlichkeitstheorien und all der anderen Zweige der psychologischen Wissenschaft muß der an ethischen Problemen Interessierte feststellen, daß sich kaum irgendwelche diesbezüglichen Hinweise finden (seltene Ausnahmen sind die Monographien von SCHULER, 1980, und KRUSE et al., 1981, über ethische Probleme in der psychologischen Forschung und die von PULVER et al., 1978 a, herausgegebene Diskussion über die Frage, ob Diagnostik verantwortbar sei).

Darf man aus diesem offensichtlichen Desinteresse an ethischen Fragen darauf schließen, daß solche Probleme in der heutigen Psychologie keine Rolle spielen? Ich bin im Gegenteil der Ansicht, daß sich in diesem Bereich gerade heute sehr viele Probleme stellen und wir gut daran täten, uns intensiver mit diesen Fragen auseinanderzusetzen.

Dies erscheint mir vor allem insofern wichtig, als es eine Illusion ist anzunehmen, in der Psychologie auftretende ethische Probleme seien stets lösbar. Wir müssen uns darüber klar sein, daß es ethisch eindeutige, unsere Klienten und uns selber befriedigende Lösungen oft nicht gibt. Aus diesem Grunde sollten wir uns mit den Situationen, die uns in ein ethisches Dilemma führen, auseinandersetzen und uns ihnen gerade angesichts ihrer Unlösbarkeit stellen. Je bewußter wir diesen berufsethischen Zwiespalt reflektieren, mit dem wir in den verschiedensten Bereichen unserer psychologischen Tätigkeit konfrontiert sind, desto eher dürfte die Gewähr gegeben sein, daß wir mit der Psychologie nicht unversehens dort Schaden und Unheil anrichten, wo wir unser Wissen eigentlich zum Nutzen anderer Menschen einsetzen wollten.

Das vorliegende Buch möchte Anstöße zu einer solchen Reflexion geben. Wenn es gelingt, die Diskussion um die mit der Berufsausübung als Psychologen zusammenhängenden ethischen Probleme anzuregen und in einen weiteren Kreis von Kolleginnen, Kollegen und Nicht-Fachleuten zu tragen, so ist das Ziel dieses Buches erreicht. Da meine eigenen Erfahrungen vor allem aus dem Bereich der klinischen Psychologie stammen, wird hier zwangsläufig das Schwergewicht meiner Darstellung liegen. Ich möchte darüber hinaus aber auch eine Reihe ethischer Probleme diskutieren, die sich in anderen Bereichen psychologischer Tätigkeit ergeben. Bewußt habe ich zur Veranschaulichung mitunter Extrembeispiele gewählt, da sich an diesen klarer zeigen läßt, wie schwierig die Probleme sind und daß kurzschlüssige Antworten nicht möglich sind und letztlich keine Lösungen darstellen.

Die Gedanken, die ich in diesem Buch darlegen möchte, beschäftigen mich seit längerer Zeit. Zunehmend bin ich in den vergangenen Jahren, vor allem bei meiner Tätigkeit in der Psychiatrischen Universitätspoliklinik Basel und im Rahmen der universitären Ausbildung, hellhörig für die ethischen Probleme geworden, die sich uns in der Psychologie stellen. Viele Anregungen für meine Überlegungen erhielt ich von Herrn Prof. Dr. RAYMOND BATTEGAY, dem Leiter der Psychiatrischen Poliklinik. Ihm gilt deshalb mein herzlicher Dank. Er hat meine Einstellung durch seine beispielhafte Haltung, die ihn stets in erster Linie auf das Wohl seiner Patienten bedacht sein läßt, wesentlich geprägt.

Weitere Anregungen entstammen Diskussionen mit Kolleginnen und Kollegen sowie mit Studierenden. Ihnen allen bin ich dankbar dafür. Wichtig war für mich auch das Gespräch mit meiner Frau, die durch ihre eigenen diagnostischen und therapeutischen Erfahrungen als Psychologin meine Reflexionen über ethische Probleme bereichert hat.

Der Deutschen und der Schweizer Psychologenvereinigung sei an dieser Stelle für die Genehmigung des Abdrucks ihrer ethischen Richtlinien (s. Anhang) gedankt.

Für die Übernahme der Sekretariatsarbeit danke ich Fräulein INGRID FRANZ. Sie hat durch die speditive und sorgfältige Erledigung wesentlich zum Entstehen dieses Buches beigetragen.

Meinen Dank möchte ich schließlich auch Frau Dagmar Friedrich, Lektorin im Verlag Vandenhoeck & Ruprecht, aussprechen. Die Zusammenarbeit mit ihr in den vergangenen Jahren war stets sehr angenehm und fruchtbar.

Basel, im Frühjahr 1982 Udo Rauchfleisch

2. *Testpsychologische Diagnostik – zum Nutzen oder Schaden des Klienten?*

Die Testdiagnostik ist eine Disziplin der angewandten Psychologie, in der wohl am ausführlichsten und auch am vehementesten ethische Probleme diskutiert worden sind. Ihren Niederschlag fand diese Kontroverse beispielsweise in dem von PULVER et al. (1978 a) herausgegebenen Buch mit dem provokativen Titel "Ist Psychodiagnostik verantwortbar?". In diesem Werk haben verschiedene Autoren jeweils aus ihrer Sicht zu psychodiagnostischen Problemen Stellung genommen. Ich kann zwar LANGs Ansicht, psychodiagnostische Untersuchungen in der heute üblichen Form seien nicht verantwortbar ("Professionell betriebene psychologische Diagnostik und Autonomie der Person sind antagonistisch", LANG, 1975), in der von ihm vertretenen Radikalität nicht zustimmen. Unbestreitbar kommt ihm jedoch das Verdienst zu, durch diese provokative These eine lebhafte Diskussion um die Psychodiagnostik ausgelöst und eine breitere Öffentlichkeit auf wichtige Probleme der Testpsychologie aufmerksam gemacht zu haben.

Nachdem vor allem in den fünfziger und sechziger Jahren geradezu eine Euphorie auf dem Gebiet der Psychodiagnostik geherrscht hatte und im Zusammenhang mit einer mitunter fast kindlichen "Testgläubigkeit" immer neue Verfahren entwickelt worden waren, hat sich in den vergangenen Jahren eine größere Skepsis der Testpsychologie gegenüber ausgebreitet. Kritische Stimmen erheben vor allem die "Theoretiker" aus dem akademischen Bereich, während für viele "Praktiker" der Einsatz von Tests nach wie vor eine große Rolle spielt. Es ist jedoch bezeichnend, daß sich die Einwände gegen die Psychodiagnostik - von wenigen Ausnahmen abgesehen - in erster Linie auf methodische, insbesondere testtheoretische Probleme richten (z.B. Reliabilität und Validität betreffend sowie die prinzipielle Kritik an der sogenannten klassischen Testtheorie). Die betreffenden Autoren weisen die Schwächen der bisher gebräuchlichen Verfahren nach und verwerfen daraufhin die Psychodiagnostik ganz oder entwickeln neue Tests, von denen sie sich eine größere Effizienz versprechen. Ethische Probleme, wie sie sich für den Psychodiagnostiker stellen, finden hingegen kaum Erwähnung.

Dies ist insofern erstaunlich, als gerade die Anwendung von Tests den Psychologen immer wieder mit Situationen konfrontiert, die ethisch nicht unproblematisch sind. Wenn ich im folgenden auf einige solcher Probleme hinweise, so ist damit noch nichts über Wert oder

Unwert der Testpsychologie ausgesagt. Es erscheint mir aber wichtig, daß wir uns bei einer so weit verbreiteten Disziplin wie der Psychodiagnostik eingehend mit den ethischen Implikationen auseinandersetzen.

Unabhängig vom Bereich, in dem Tests eingesetzt werden (z.B. Klinik, Berufsberatung, Schulpsychologischer Dienst, Personalauslese usw.), wendet sich ein Klient entweder selbst mit einer bestimmten Frage an den Psychodiagnostiker, oder er wird dem Psychologen von einer Institution zur Untersuchung geschickt (z.B. bei strafrechtlichen Begutachtungen). Der Diagnostiker stellt dann eine bestimmte Testbatterie zusammen, wobei er die Auswahl der Verfahren von der Problemstellung abhängig macht. Im Anschluß an die Untersuchung wertet er die Tests aus, interpretiert die Befunde und nimmt mündlich oder schriftlich zu den an ihn gerichteten Fragen Stellung. Dieser in groben Zügen skizzierte Ablauf einer Testuntersuchung mag bei oberflächlicher Betrachtung völlig unproblematisch erscheinen. Tatsächlich jedoch verbirgt sich dahinter eine Fülle von ethisch zum Teil schwierigen Problemen.

Man könnte der Meinung sein, daß die Situation, in der uns ein Mensch mit der Bitte um eine testpsychologische Abklärung aufsucht, keinerlei ethische Schwierigkeiten bietet. Ich bin jedoch der Ansicht, daß wir auch in diesem Falle die Verantwortung nicht einfach an den Klienten abschieben können. Letztlich sind wir als Fachleute die einzigen, die sich - wenigstens ungefähr - eine Vorstellung davon machen können (und unbedingt auch machen sollten!), was die gewünschte Untersuchung für den Klienten bedeuten und welche Konsequenzen sie für ihn haben mag. Wir legen uns in der täglichen Routine oft nicht genügend Rechenschaft darüber ab, wie sehr manche Klienten durch die Konfrontation mit Tests affektiv aufgewühlt, verunsichert und belastet werden, noch ehe sie die geringste Information über das Resultat erhalten haben.

Ein besonders tragisches Beispiel stellt das folgende dar: Es betrifft einen schwer depressiven Mann, der in einer psychiatrischen Klinik eine längere testpsychologische Untersuchung durchgemacht hatte. Im Anschluß an diese Sitzung begab er sich in einen nahe gelegenen Wald und erhängte sich dort. Das Pflegepersonal, das ihn kurz nach der Untersuchung noch gesehen hatte, berichtete später, er habe sehr bedrückt und verzweifelt gewirkt. Soweit ich informiert bin, hatte dieser Patient zuvor einen umfangreichen Persönlichkeitsfragebogen beantwortet. Es ist nicht zu beweisen, daß die Testuntersuchung ausschlaggebend für den Suizid war. Immerhin muß sich der Untersucher in diesem Falle - und in anderen, glücklicherweise weniger tragisch ausgehenden Situationen - fragen, ob er nicht insofern an diesem Menschen schuldig geworden ist, als er die Belastung, welche die Testdurchführung darstellte, nicht richtig eingeschätzt hat. Für ihn als Gesunden war es "nur ein Persönlichkeitsfragebogen", den er "routinemäßig" vom Patienten ausfüllen ließ. Für den Kranken aber stellte vielleicht allein die Beantwortung der vielen Fragen eine ungeheure Last dar, und in ihm wurden möglicherweise durch die Testfragen Gefühle aufgewühlt, die zu völliger Verzweiflung und tiefster Hoffnungslosigkeit führten.

Die geschilderte Situation stellt ein Extrembeispiel dar. Es zeigt sich daran aber deutlich etwas, was in subtilerer Form häufig in Menschen ausgelöst wird, die sich in eine Testuntersuchung begeben. Selbst durch ein ausführliches einführendes Gespräch, das unbedingt jeder Untersuchung vorausgehen sollte, gelingt es uns oft nicht, die Ängste, Hoffnungen und all die anderen Gefühle, welche die Testsituation im Klienten auslöst, zu erkennen und mit dem Betreffenden durchzuarbeiten.

Mitunter stellt auch das Testmaterial selber geradezu eine Gefahr für den Klienten dar. So kann beispielsweise die Konfrontation mit projektiven Testverfahren (deren Stimuli "tiefere Schichten" der Persönlichkeit ansprechen wollen) bei präpsychotischen Persönlichkeiten unter Umständen zu einer Dekompensation führen. Unabhängig davon, ob wir den Ausbruch der manifesten Psychose in einem solchen Falle als "endogenen Prozeß", als durch die Untersuchung ausgelöst oder als therapeutisch wichtigen Schritt auf dem Weg zu einer neuen Persönlichkeitsorganisation verstehen, müssen wir als Diagnostiker letztlich die Verantwortung dafür übernehmen, daß wir zu einer solchen Entwicklung beigetragen haben.

Gerade als Fachleute, die täglich mit Tests umgehen und deren Grenzen kennen, können wir uns nur schwer vorstellen, welche Angst diese Instrumente im Klienten auslösen können. Es ist nicht nur - aufgrund einer Überschätzung der diagnostischen Möglichkeiten - die unrealistische Befürchtung von Laien, der Psychologe könne nun "alles" sehen, die geheimsten Gedanken und Gefühle hervorzerren. Oft ist es auch die Angst des Klienten vor dem kränkenden Erleben, eine Aufgabe nicht erfüllen zu können, deren erfolgreiche Bewältigung er eigentlich von sich erwartet.

Mit Recht hat deshalb VON USLAR (1978) darauf hingewiesen, daß der zukünftige Diagnostiker einen Test an sich selbst kennenlernen sollte, "damit er weiß, wie man sich fühlt, wenn dieses Instrument an einem ausprobiert wird". Meine eigenen diesbezüglichen Erfahrungen aus der Ausbildung von Psychologiestudenten haben mir immer wieder gezeigt, daß eine solche Selbsterfahrung Ausgangspunkt fruchtbarer Diskussionen sein kann und die Studierenden für ethische Probleme zu sensibilisieren vermag.

Als besonders kränkend wird die Testsituation (verständlicherweise - wenn wir uns einmal in unsere Klienten hineinzuversetzen versuchen) beispielsweise von Menschen erlebt, die nach schweren Hirntraumata eine testpsychologische Untersuchung absolvieren. Einerseits sind sie selber sehr interessiert daran, auf diese Weise zu erfahren, welche Funktionen beeinträchtigt und welche ungeschädigt sind. Andererseits aber ist es eine sehr schmerzliche Erfahrung, wenn beispielsweise ein Akademiker in der Untersuchung mit einem Intelligenztest oder mit speziellen Leistungsverfahren erleben muß, daß er nicht mehr in der Lage ist, Aufgaben zu bewältigen, die ihm früher nicht die geringsten Schwierigkeiten bereitet haben. Das ethische Dilemma, in dem wir uns bei solchen Abklärungen befinden, liegt darin, daß dem Klienten einerseits nicht damit gedient wäre, wenn wir überhaupt keine Untersuchung durchführten. Andererseits aber stellt allein die Testaufnahme für ihn, wie beschrieben, unter Umständen eine große Belastung dar - unabhängig davon, wie wir später die Befunde mit ihm besprechen.

Ein weiteres Problem, das nicht nur "sachlichen" Charakter hat, sondern auch eine ethische Dimension besitzt, erhebt sich bei der Frage nach der Auswahl der Tests, die wir einzusetzen gedenken. Bei der geradezu unüberschaubaren Zahl, die heute im Handel ist, ist es letztlich keinem Diagnostiker möglich, einen wirklich umfassenden Überblick oder gar praktische Erfahrungen im Umgang mit allen diesen Tests zu besitzen. Wir sind zwar nach den ethischen Richtlinien verpflichtet, uns "derjenigen Arbeitstechniken zu bedienen, die nach dem jeweiligen Stand der Wissenschaft als am besten begründet gelten können" (Deutsche Richtlinien). Dies ist aber eine Idealforderung, der nachzukommen wir uns wohl bemühen können, die wir jedoch in der Praxis nicht zu erfüllen vermögen.

Hinzu kommt, daß wir bei vielen Verfahren im Grunde nicht genau wissen, wie exakt ihre Resultate sind. Bei einer Durchsicht der diagnostischen Literatur bietet sich ein verwirrendes Bild: Wir finden einander widersprechende Untersuchungsergebnisse hinsichtlich Reliabilität und Validität der einzelnen Verfahren; die Vertreter der sogenannten nicht-klassischen Testtheorie bringen gewichtige Argumente gegen die bisher allein als gültig angesehene klassische Testtheorie vor und stellen damit frühere Befunde in Frage; wir erfahren, daß beispielsweise die projektiven Tests völlig insuffizient seien, bestimmte Persönlichkeitsfragebogen hingegen verläßliche Instrumente darstellen sollen; die Autoren der verschiedenen Intelligenztests konfrontieren uns jeweils mit eigenen Intelligenzkonzepten und dementsprechend mit zum Teil erheblich voneinander abweichenden Verfahren. Selbst dem auf dem Gebiet der Psychodiagnostik Erfahrenen fällt es außerordentlich schwer, die sicher gerechtfertigte Forderung zu erfüllen, er solle solche Verfahren auswählen, die nach dem aktuellen Stand der Wissenschaft als am fundiertesten gelten können. Ist es angesichts der geschilderten Situation, wie sie auf dem Gebiet der Psychodiagnostik herrscht, verwunderlich, daß viele "Praktiker" die früher einmal erlernten, ihnen in der Handhabung vertrauten Tests einsetzen und neue Verfahren weitgehend ausklammern? Ich bin der Ansicht, daß eine solche, im Grunde von uns allen mehr oder weniger praktizierte Haltung durchaus verständlich, wenn auch ethisch problematisch ist.

Bisher bin ich davon ausgegangen, daß der diagnostisch tätige Psychologe für seine Untersuchung mehrere Verfahren, eine ganze Testbatterie, einsetzt. Von einer Reihe von Autoren wird jedoch die Auffassung vertreten, daß es ausreiche, ausschließlich einen bestimmten Test zu verwenden (und manche Verfahren unterstützen durch ihren Anspruch, die Persönlichkeit als "Ganze" abbilden zu können, eine solche Ansicht). Bedenken wir allein die Validitätsprobleme, die sich in der Psychodiagnostik eröffnen, so muß der Einsatz eines einzigen Tests fragwürdig erscheinen. Man kann einem solchen Diagnostiker indes schwerlich Fahrlässigkeit in einem juristischen Sinne vorwerfen. Unter ethischem Gesichtspunkt aber sollte uns ein derartiges Vorgehen zu denken geben. Auch wenn wir selber eine andere Auffassung vertreten, sollten wir uns in der täglichen Praxis kritisch prüfen, ob wir uns mitunter nicht ähnlich verhalten und Untersuchungen - z.B. "aus Zeitnot" - weniger sorgfältig und umfassend durchführen, als wir im Grunde verantworten können.

Ergeben sich schon bei der psychodiagnostischen Untersuchung von Menschen, die uns von sich aus mit der Bitte um Hilfe aufsuchen, zum Teil schwer lösbare ethische Probleme, so wird die Situation noch komplizierter im Falle des Klienten, der auf Veranlassung von Drittpersonen kommt (z.B. das Kind, das von den Eltern gebracht wird) oder uns im Rahmen einer vom Gericht erbetenen Begutachtung gegenübertritt. Wieder können wir uns nicht damit beruhigen, daß wir vor der Untersuchung ausführlich mit dem Betreffenden gesprochen und uns davon überzeugt hätten, daß er mit dem geplanten Vorgehen einverstanden sei. Dies sind unerläßliche Voraussetzungen, entbinden uns aber noch keineswegs von der Verantwortung, die wir im Falle einer Untersuchung übernehmen. Wir müssen uns darüber klar sein, wie groß die Gefahr ist, daß wir - unmerklich, gegen unseren Willen - in die Rolle eines "verlängerten Armes" des Auftraggebers rutschen. In dieser Hinsicht besteht tatsächlich, wie LANG (1975) zu bedenken gegeben hat, ein "Macht-Dilemma", dem wir uns meiner Ansicht nach jedoch nicht dadurch entziehen können, daß wir es prinzipiell ablehnen, psychodiagnostische Untersuchungen durchzuführen. Nicht zu handeln, kann in einem solchen Falle ethisch ebenso fragwürdig sein wie die Bereitschaft, den Auftrag anzunehmen.

Wir müssen uns allerdings darüber klar sein, daß zwischen dem Klienten und dem Psychologen eine im Wesen der Psychodiagnostik liegende "asymmetrische Machtposition" (U. MOSER, 1964) besteht. Diese sollte auf jeden Fall für die beiden am diagnostischen Prozeß beteiligten Personen transparent sein und muß vom Psychologen akzeptiert werden. Der psychodiagnostisch Tätige befindet sich als Experte in einer jener "Rollen, aus denen es kein Entweichen gibt" (PFENNINGER, 1979). Diese Situation muß sich - wenn sie reflektiert und verantwortungsbewußt gehandhabt wird - jedoch nicht zum Schaden des Klienten auswirken und führt nach meiner Erfahrung auch nicht zwangsläufig zu einer starren, unpersönlichen Rollenhierarchie. Die "funktionelle Autorität des Experten, die ihm dank seiner Sachkenntnis zukommt" (IMOBERDORF, 1971), stellt letztlich "kein Hindernis zu echter Begegnung und Kommunikation ... (dar), sofern der Experte seiner Bezeichnung gerecht wird und auch Experte bleibt in der Gewährung einer flexiblen Rollenverteilung" (PFENNINGER, 1979).

Für absolut unzulässig halte ich eine psychologische Untersuchung, zu welcher der Klient nicht selbst seine Zustimmung gegeben hat. Dies betrifft beispielsweise die leider mancherorts noch übliche Praxis, graphologische Analysen an Schriften von Menschen vorzunehmen, die darüber nicht ausdrücklich informiert worden sind. Ein Psychologe, der mit einem solchen Auftrag betraut wird, sollte ihn strikt ablehnen. Er macht sich meiner Ansicht nach sonst eines groben Mißbrauchs der Diagnostik schuldig.

Sieht man von solchen eindeutigen Verletzungen der ethischen Richtlinien ab, so führt die von IMOBERDORF (1971) erwähnte "funktionelle Autorität" des Psychodiagnostikers als Experten meiner Ansicht nach keineswegs zwangsläufig in das "Machtdilemma", das LANG (1978a) dadurch bedingt sieht, daß "der Proband dem Diagnostiker ausgeliefert ist und keine Möglichkeit hat herauszufinden, ob die Entscheidung oder Empfehlung bloß zufällig so herauskommt oder ob sie der Diagnostiker im Hinblick auf seine eigenen Interessen und Ziele so steuert". Versteht der Diagnostiker seine Tätigkeit als "Hilfe zur Selbsthilfe" (zu der er dem Probanden durch die Beratung behilflich sein möchte), so wird sich auch keine so verhängnisvolle Situation für den Klienten ergeben, wie LANG sie offenbar als charakteristisch für die Psychodiagnostik betrachtet: "... befolgt er (der Klient) den Rat des Diagnostikers, so hat er gewissermaßen 'aus der Hand des Experten' gelebt; schlägt er ihn aus und die Entwicklung gibt dem Diagnostiker recht, so ist erst recht sein Selbstwertgefühl angeschlagen, seine Unfähigkeit, aus sich selbst heraus zu leben, demonstriert" (LANG, 1978a). Eine verantwortungsbewußte, reflektierte Diagnostik wird dem Klienten nicht lediglich eine "perfekte Außenansicht" (LANG, 1978b) liefern, sondern ihm vor allem durch das Gespräch bei der Differenzierung und Klärung seiner "Innenperspektive" helfen (SCHMID, 1978).

Auch das sogenannte "Validitätsdilemma" ist in der von LANG (1978a) postulierten Form meiner Ansicht nach keineswegs zwangsläufig gegeben. Es scheint mir eine der komplexen Verhältnisse der Psychodiagnostik allzu sehr vereinfachende Sicht, wenn angenommen wird, daß einerseits bei absoluter Validität der Verfahren (d.h. exakter Vorhersagbarkeit) dem Probanden jegliche Wahlfreiheit entzogen wäre, und daß andererseits die weniger präzisen Verfahren den Klienten dem Zufall auslieferten. Einer solchen Auffassung liegt offensichtlich ein eher statisches Persönlichkeitsmodell zugrunde. Orientieren wir uns bei unseren Überlegungen hingegen an einem dynamischen, weniger deterministischen Menschenbild, so muß der Klient durch die Beratung keineswegs in seiner Autonomie beeinträchtigt werden. Im Gegenteil: Eine vermehrte Information kann für ihn zu einer Erweiterung seiner Autonomie führen und ihm - worauf auch PULVER (1978b) hinweist - bessere Wahlmöglichkeiten bieten.

Eine derartige psychologische Tätigkeit, die gerade das Ziel verfolgt, die Autonomie des Klienten zu erweitern, wird allerdings den diagnostischen Prozeß stets für beide an diesem Geschehen beteiligten Partner transparent halten müssen. Der Diagnostiker sollte sich darüber klar sein, daß selbst bei noch so guten Verfahren jeder Untersuchung eine mehr oder weniger große Unsicherheit anhaftet und daß oftmals nicht eindeutig zu entscheiden ist, inwieweit das von einem Klienten in der konkreten Testsituation gezeigte Verhalten typisch für ihn ist bzw. "für welche anderen Vergleichssituationen diese Verhaltensweisen repräsentativ sind" (IMOBERDORF, 1971).

Ferner sollte der Diagnostiker nicht einem überhöhten Exaktheitsideal nacheifern, das beispielsweise bei langfristigen Prognosen auch völlig unrealistisch wäre. Er sollte sich vielmehr damit bescheiden - und dem Klienten (und einem allfälligen Auftraggeber) diese Ansicht auch ausdrücklich mitteilen -, daß langfristige Prognosen (z.B. in der Berufsberatung Vorhersagen über zehn oder mehr Jahre) wegen fehlender Verfahren, aber auch aus der Natur der Sache heraus nicht möglich - und im Grunde auch nicht nötig - sind. Die Konsequenz einer solchen Einsicht muß jedoch nicht sein, auf die Psychodiagnostik völlig zu verzichten. Einen fruchtbaren neuen Ansatz haben in diesem Zusammenhang beispielsweise FUCHS (1978) und TRIEBE (1973, 1975) in Form einer sequentiellen Beratung vorgeschlagen: Der Psychologe stellt aufgrund einer Reihe von Untersuchungen nur noch kurzfristige Prognosen, indem er jeweils ausgeht von "einer exakten Analyse der Verhaltensdeterminanten zum jetzigen Zeitpunkt ... unter Einbezug jener Situationsfaktoren, die vorhersehbar sind" (BERGER, 1978). Dieser Vorgang wird so lange fortgeführt, bis der Klient eine Entscheidung treffen oder seine Situation selbst gestalten kann.

Um zu einer solchermaßen partnerschaftlich verstandenen, die Autonomie des Klienten fördernden Diagnostik zu gelangen, bedarf es dringend einer intensiven Öffentlichkeitsarbeit, die darüber aufklärt, für welche Aufgaben Psychodiagnostik wichtig sein kann und wo ihre Grenzen liegen (vgl. BUCHLI, 1978). Die Gesellschaft sollte auch erkennen, daß sie selbst vielfach versucht, die Verantwortung für wichtige Entscheidungen an den Psychologen abzuschieben (SCHÖNENBERGER, 1978).

Auf diese Probleme, die aus der Interaktion zwischen Psychologe, Klient und Beziehungsperson sowie aus Loyalitätskonflikten zwischen Klient und Auftraggeber resultieren können, werde ich in zwei speziellen Kapiteln (Kapitel 4 und Kapitel 5) ausführlicher eingehen.

Ich habe bei der kurzen Skizzierung des Ablaufs einer Testuntersuchung erwähnt, daß nach Aufnahme der Tests diese ausgewertet und die Resultate interpretiert werden. Auch diese Phase stellt uns als Diagnostiker vor Probleme, die nicht nur sachlicher Art sind, sondern ebenfalls eine ethische Dimension besitzen. Berücksichtigen wir, wie oben bereits erwähnt, daß die einzelnen Verfahren aus testtheoretischen Gründen, im Hinblick auf ihre Normierung und aufgrund anderer Unsicherheitsfaktoren immer nur mit mehr oder weniger Wahrscheinlichkeit auf einen bestimmten psychischen Sachverhalt schließen lassen, so muß es uns merkwürdig berühren, daß wir in unseren Befunden oft mit größter Überzeugung vom "Bestehen" der einen oder anderen Störung oder vom "Vorliegen" bestimmter Charakterzüge sprechen. Wir schildern oft etwas als Realität, von dem wir eigentlich nur als Möglichkeit sprechen dürften.

Dies hat die verhängnisvolle Konsequenz, daß nicht nur der Leser solcher Berichte den Eindruck erhält, absolut "objektiven" Resultaten gegenüberzustehen. Vielmehr besteht die Gefahr, daß wir schließlich selbst davon überzeugt sind, ein Klient bilde sich in seinen Testreaktionen umfassend ab. Bei einer solchen Auffassung verlören wir aber den Blick dafür, daß unsere diagnostischen Überlegungen nur mehr oder weniger wahrscheinliche Hypothesen, Konstrukte sind, die uns den Zugang zum Mitmenschen erleichtern sollen. Wir täten damit der individuellen Persönlichkeit unseres Gegenüber in unverantwortlicher Weise Gewalt an. Gerade weil uns in der modernen Testpsychologie - und zwar mit Recht - die Quantifizierung und Objektivierung von Befunden so wichtig ist, sollten wir uns auch der Gefahren bewußt sein, die sich daraus ergeben: Einer solchen Auffassung von "Wissenschaft" wohnt "die Versuchung inne, uns mehr und mehr von der persönlichen Beziehung zum Kranken zurückzuziehen, die Versuchung, statt bei ihm zu sein, am Schreibtisch Testergebnisse zu untersuchen, die andere mit ihm angestellt haben oder die zu bearbeiten ihm allein und in Isolierung aufgetragen war" (M. BLEULER, 1980).

Es wäre allerdings ein Mißverständnis, wenn der Leser aus diesen Hinweisen den Schluß zöge, psychodiagnostische Untersuchungen seien prinzipiell unverantwortbar, das eigentlich Wichtige, nämlich die Individualität des Klienten, werde durch Tests niemals erfaßt (ein Argument, das verschiedentlich vor allem gegen die psychometrischen Verfahren vorgebracht worden ist). Ich halte dieses Argument nur bedingt für stichhaltig. Es trifft meiner Ansicht nach nur für die oben beschriebene Situation zu, in welcher der Diagnostiker den verhängnisvollen Irrtum beginge zu meinen, mit der Summe der in den Tests sichtbar gewordenen Funktionen den ihm entgegentretenden Menschen in seiner Ganzheit und Einmaligkeit erfaßt zu haben und die persönliche Begegnung mit dem Klienten durch Tests ersetzen zu können.

Die ethisch schwerwiegendsten Probleme ergeben sich in der letzten Phase des diagnostischen Prozesses, bei der Beratung des Klienten und bei der Abfassung des Untersuchungsberichtes. Ich erwähne hier absichtlich beide Aspekte, den Bericht und die Beratung, da ich es prinzipiell für ethisch nicht verantwortbar halte, einen Klienten zu testen und ihn anschließend nicht über die Befunde zu informieren. Die von den Psychologenvereinigungen herausgegebenen ethischen Richtlinien fordern zu Recht, daß dem Klienten die Untersuchungsergebnisse "in angemessener Form" bekannt gegeben werden sollen (Deutsche Richtlinien). Die in den Richtlinien formulierte Einschränkung, "falls die besondere Art des Auftrags dies von vornherein ausschließt (bei Ausleseuntersuchungen z.B), muß der Klient vorweg davon in Kenntnis gesetzt worden sein", ist meiner Ansicht nach ethisch fragwürdig. In einer neueren Publikation hat MAIER (1980) das Problem der Informationspflicht bei psychologischen Eignungsuntersuchungen aufgegriffen und es ausdrücklich als unverantwortlichen Mißstand bezeichnet, wenn Klienten nach derartigen Untersuchungen nicht umfassend über die Resultate informiert werden.

Die gleiche Informationspflicht besteht meiner Ansicht nach für den in schulpsychologischen Diensten und in Erziehungs- und Familienberatungsstellen tätigen Diagnostiker. Ich halte es für ethisch unzulässig, wenn nicht die Eltern und auch das Kind selbst im Anschluß an eine Untersuchung umfassend über die Befunde aufgeklärt werden. Nach bundesdeutschem Recht hat übrigens jede geschäftsfähige Person (d.h. also auch ein Minderjähriger, sofern er über die erforderliche Einsicht verfügt und sein rechtliches Interesse selbst wahrnehmen kann) den Anspruch auf Einsichtnahme in seine Akten (s. SPECHT, 1981a). Ebenso aber haben Jugendliche - und bei entsprechender Einsicht auch ältere Kinder - einen eigenen Anspruch auf Schutz ihrer Privatgeheimnisse. Sie können also gegebenenfalls einer von den Erziehungsberechtigten geforderten Einsichtnahme in ihre Akten widersprechen.

Eine große Verantwortung lastet auf dem Psychologen, wenn er die Resultate seiner Untersuchungen schriftlich fixiert. So wichtig solche Befunde in späteren Jahren auch sein mögen, so verhängnisvoll können sie sich aber auch auswirken, wenn sie in mißverständlicher Form abgefaßt sind oder Details enthalten, die sich im Sinne des labeling approach für das betreffende Kind stigmatisierend auswirken (s. dazu auch die Ausführungen in Kapitel 5).

Doch selbst wenn wir prinzipiell mit den Klienten ein Gespräch über die Testbefunde führen, bleibt eine Reihe ethisch schwer lösbarer Probleme bestehen. In der oben zitierten Passage aus den ethischen Richtlinien war die Rede von der "angemessenen Form", in der die Untersuchungsresultate dem Klienten mitgeteilt werden sollten. Dies mag trivial erscheinen. In der konkreten Beratungssituation merken wir aber, wie schwer es uns fällt, uns von der vertrauten Fachterminologie zu lösen und die durch die Untersuchung eruierten Phänomene in einer allgemein verständlichen Sprache zu formulieren.

Erschwerend wirkt sich auch der Umstand aus, daß wir, je nach dem verwendeten Testverfahren, Informationen erhalten, die aus verschiedenen "Schichten" der Persönlichkeit stammen. Fällt es z.B. noch recht leicht, einem Klienten Informationen über seine intellektuellen Fähigkeiten, über Begabungsschwerpunkte, über Konzentrations-, Merk- und Belastungsfähigkeit, über seine Interessen, ja selbst noch über seine Frustrationstoleranz und über die Art zu geben, in der er mit Konfliktsituationen umgeht, so ist es doch recht schwierig, viele aus den sogenannten projektiven Verfahren (wie Rorschachsches Formdeuteverfahren, Thematischer Apperzeptionstest, Scenotest) erhaltene Informationen so an den Klienten weiterzugeben, daß er diese - zumeist ja aus einer unbewußten Schicht seines Erlebens stammenden - Phänomene angemessen aufnehmen kann. Dabei müssen wir zugeben, daß wir häufig nicht in der Lage sind, solche Resultate in angemessener Form an den Klienten weiterzugeben, ohne daß wir in rationalisierender Weise über etwas sprechen, das seinem Bewußtsein fern liegt und von ihm kaum integriert werden kann.

Wir stehen damit nicht nur vor einem sprachlichen Problem. Vielmehr müssen wir uns auch der ethischen Verantwortung bewußt sein, die wir mit der Information über die Testbefunde auf uns nehmen. Wir mögen - als nicht selbst Betroffene - den einen oder anderen Sachverhalt für nebensächlich erachten und machen uns oftmals vielleicht zu wenig klar, welche Gefühle die betreffende Mitteilung im Klienten auslöst. Er hatte vielleicht gewisse Erwartungen und Hoffnungen (die er unter Umständen uns gegenüber nie erwähnt hat), in denen er sich jetzt bitter enttäuscht sieht. Oder er mißversteht vielleicht eine von uns beiläufig geäußerte Bemerkung und interpretiert sie beispielsweise in dem Sinne, daß wir bei ihm eine schwere psychische Störung vermuteten. Solch ein "Mißverstehen" ist sehr leicht möglich, und wir können uns der Verantwortung dafür nicht entziehen, indem wir es dem Klienten anlasten.

Besonders problematisch sind solche Beratungen, wenn wir den Klienten nach der Untersuchung nur noch bei einem einzigen Gespräch sehen. Wir können dann nur schwer abschätzen, wie er unsere Hinweise versteht und wie er sie verarbeiten wird. Der Klient seinerseits hat nicht mehr die Möglichkeit, ihm unverständlich gebliebene Sachverhalte zu klären und Dinge, die ihm aufgrund der Beratung später einfallen, noch mit uns zu besprechen.

Ich habe wiederholt darauf hingewiesen, daß in der Psychodiagnostik dem Gespräch (zur Information des Klienten vor der Untersuchung, bei der Erhebung der anamnestischen Daten und bei der abschließenden Beratung) eine große Bedeutung zukommt. Uns liegt heute - vor allem von psychoanalytischer Seite - ein recht umfangreiches Schrifttum über verschiedene Formen der Gesprächsführung und über die sich dabei entfaltende Dynamik vor. So wichtig und hilfreich die Ausführungen der verschiedenen Autoren (z.B. ARGELANDER, 1967, 1970; MEERWEIN, 1974; SULLIVAN, 1954) zu diesem Themenkomplex für die Diagnostik und Therapie auch sind, so sollten wir darüber doch nicht die anthropologische Dimension vergessen: Jedes Gespräch, das zwei Menschen miteinander führen, stellt eine "Begegnung im existentiellen Sinne" dar, "zu deren zentralen Wesensmerkmalen das Betroffensein (HEIDEGGER) beider Partner gehört ... wir versuchen, als Mensch vor den anderen Menschen hinzutreten, uns auf eine Partnerschaft einzulassen, den anderen nicht mehr als Untersuchungsobjekt, sonder als Du zu erfahren ... Im Gegensatz zu anderen diagnostischen Verfahren ermöglicht das Gespräch dadurch, daß es eine handlungsartige Auseinandersetzung zwischen zwei Menschen ist und Begegnung, gegenseitige Beziehung oder Kommunikation bedeutet, das Ereignis und Erlebnis der Wirklichkeit des andern. Es ermöglicht die Auflösung der üblichen Subjekt-Objekt-Beziehung oder (um mit M. BUBER zu sprechen) des Ich-Es-Bezuges zwischen Untersucher und Proband zugunsten einer personalen Begegnung, d.h. eines Ich-Du-Bezuges. Es begreift sich daher nicht als Weg zum Verständnis eines Objektes - wir können nie ein Objekt verstehen -, sondern eines Menschen" (PFENNINGER, 1979). Es erscheint mir von grundlegender Bedeutung für unsere psychologische Tätigkeit, daß wir uns bei allem Wissen um Gesprächs-"Strategien" und Gesprächs-"Dynamik" dieser anthropologischen Dimension bewußt sind und sie in der Begegnung mit unseren Klienten zu realisieren versuchen.

Mitunter äußern Klienten nach der Untersuchung und dem Beratungsgespräch den Wunsch, der Diagnostiker möge ihnen einen schriftlichen Bericht über die Resultate geben. Eine solche Bitte stellt uns vor eine ethisch schwierige Entscheidung: Auf der einen Seite kann man argumentieren, daß - wie auch von mir mehrfach betont - der Klient ein Recht darauf habe, umfassend über die Testergebnisse informiert zu werden. Eine schriftliche Zusammenstellung der Befunde könnte eine Form der Information sein. Auf der anderen Seite besteht aber bei der Aushändigung eines schriftlichen Berichtes an den Klienten die Gefahr, daß er ihn zu Zwecken verwendet, mit denen sich der Psychologe - auch aus ethischen Gründen - in keiner Weise einverstanden erklären kann. So könnte ein Klient einen solchen Bericht wenig kritischen Drittpersonen beispielsweise als "Beweis" dafür vorlegen, daß er eine psychologische Ausbildung absolviert habe und sich selber in der Handhabung psychodiagnostischer Verfahren auskenne. Er könnte auch durch Fotokopieren bestimmter Ausschnitte den Sinn der von uns geschilderten Phänomene völlig verändern. In Anbetracht der Möglichkeit, daß die dem Klienten in schriftlicher Form ausgehändigten Befunde in dieser oder anderer Weise mißbräuchlich verwendet werden könnten, lehnen die meisten Diagnostiker die Bitte nach einem solchen Bericht ab.

Auch wenn uns die zuletzt referierte Argumentation stichhaltig erscheint, sollten wir uns doch dessen bewußt sein, daß wir mit der Verweigerung eines schriftlichen Berichts im Grunde recht willkürlich handeln. Selbstverständlich müssen wir den Klienten vor der Untersuchung darüber informieren, daß wir ihm die Befunde zwar mündlich mitteilen werden, sie ihm aber nicht in schriftlicher Form aushändigen können. Dennoch enthebt uns ein solches Vorgehen nicht der Verantwortung für diese Entscheidung.

Es sei in diesem Zusammenhang auf noch ein ethisch schwieriges Problem hingewiesen: Es ist die Frage, ob wir die Unterlagen über die Untersuchung eines Klienten diesem vorenthalten dürfen, oder ob der Klient das Recht habe, Einblick in unsere Aufzeichnungen zu nehmen und diese nach Abschluß der Untersuchung sogar sich aushändigen zu lassen.

Im Hinblick auf den Anspruch auf Einsichtnahme bestehen durchaus rechtliche Regelungen. Die Grundlage bietet in der BRD der § 810 des Bürgerlichen Gesetzbuches (BGB). In der neueren Rechtsprechung wird eine Rechenschaftspflicht gegenüber dem Klienten und damit eine Dokumentationspflicht sowie ein Recht auf Auskunft und Einsichtnahme für den Klienten bejaht (vgl. SPECHT, 1981a). Mit Inkrafttreten des bundesdeutschen Sozialgesetzbuches X (SGB-X) am 1.1.1981 ist im § 25 die Akteneinsicht durch Beteiligte im Verwaltungsverfahren der Sozialleistungsträger geregelt. SPECHT (1981a) verweist darauf, daß der § 25 SGB-X sinngemäß allgemeingültige Richtlinien für den Fall enthält, daß ein rechtliches Interesse an einer Einsichtnahme besteht (d.h. daß der betreffende Klient die Einsichtnahme zur Geltendmachung oder Verteidigung rechtlicher Interessen für erforderlich hält).

Durch diese rechtlichen Regelungen ist der Psychologe indes keineswegs der ethischen Verantwortung enthoben, die er im Falle eines Einsichtnahmebegehrens dem Klienten gegenüber hat. Es bleibt nach wie vor ein relativ breiter Ermessensspielraum bestehen, in dem der Fachmann "nach bestem Wissen und Gewissen" entscheiden muß. So weist SPECHT (1981a) beispielsweise darauf hin, daß sich aus der besonderen Art des Behandlungs- und Beratungsverhältnisses einer Erziehungsberatungsstelle (und dies gilt meiner Ansicht nach auch für andere Institutionen und für den Psychologen in eigener Praxis) Ausnahmen vom Anspruch auf Einsichtnahme ergeben, wie sie im übrigen von der Rechtsprechung anerkannt und in § 25 SGB-X berücksichtigt sind. Eingeschränkt wird der Anspruch auf Einsichtnahme beispielsweise dadurch, daß in den Akten Angaben enthalten sind, deren Kenntnis dem Behandlungs- und Beratungszweck zuwiderlaufen oder anderweitig die Entwicklung und Entfaltung der Persönlichkeit des Betroffenen beeinträchtigen würde. Einen weiteren Grund für eine Ablehnung der Einsichtnahme stellt die Situation dar, daß die Aufzeichnungen Informationen über andere Personen enthalten, die einen eigenen Anspruch auf Schutz ihrer Privatgeheimnisse haben. Schließlich ist der Psychologe nicht verpflichtet, vorbereitende Aufzeichnungen oder persönliche Notizen dem Klienten zur Einsichtnahme vorzulegen.

Trotz dieser rechtlichen Regelungen muß der diagnostisch und therapeutisch tätige Psychologe jeweils eine persönliche Entscheidung treffen und wird sich häufig nicht auf irgendwelche allgemein verbindlichen Richtlinien berufen können. Ein im Jahre 1981 vom Berliner Kammergericht gesprochenes Urteil, in dem einem Patienten einer psychiatrischen Klinik das Recht zur Einsichtnahme in seine Krankengeschichte zugebilligt wurde, zeigt, daß im Falle einer gerichtlichen Auseinandersetzung die Gründe für eine Verweigerung der Einsichtnahme nach sehr strengen Maßstäben geprüft werden.

Auf <u>Herausgabe der Originalunterlagen</u> besteht nach bundesdeutschem Recht für den Klienten kein Anspruch. Dieser Regelung ist zwar prinzipiell zuzustimmen, zumal die bereits oben diskutierten Gefahren des Mißbrauchs und des Mißverständnisses durch eine Aushändigung etwa testpsychologischer Befunde erheblich vergrößert würden. Wir müssen uns aber dennoch fragen, ob wir wirklich das Recht haben, einem Klienten "seine" Unterlagen vorzuenthalten. Können wir ihm beispielsweise garantieren, daß mit den

Befunden, die wir in irgendwelchen Archiven deponieren, niemals Mißbrauch getrieben wird? Soweit es uns selbst betrifft, können wir ihm eine solche Zusage vielleicht geben - zumindest hoffen wir, uns dafür verbürgen zu können. Doch können wir die Verpflichtung, die wir mit der Archivierung von Testresultaten eingehen, tatsächlich auch in ferner Zukunft erfüllen, wenn wir selber beispielsweise einmal nicht mehr in der betreffenden Institution arbeiten, oder wenn wir einem extremen politischen Druck ausgesetzt würden?

Betrachtet man das Problem unter diesem Aspekt, so wird unsere Entscheidung, dem Klienten seine Testunterlagen prinzipiell zu verweigern, ethisch zumindest fragwürdig. Es würde auch keine Lösung darstellen, wenn wir nach Abschluß der Untersuchung die Unterlagen vor den Augen des Klienten vernichteten. Abgesehen davon, daß durch ein solches Vorgehen die Forschung und damit die wissenschaftliche Weiterentwicklung (zu der wir ja auch verpflichtet sind) erheblich beeinträchtigt würde, könnte es sich auch zum Schaden des Klienten selbst auswirken, wenn uns beispielsweise bei späteren Untersuchungen keine Vergleichsbefunde aus früherer Zeit vorlägen. Zu welchem Schluß wir auch immer kommen mögen - wir befinden uns in einem Dilemma. Ich habe diese Fragen hier ausführlich diskutiert, da es mir angesichts der Bedeutung dieser Probleme wichtig erscheint, daß wir uns bewußt mit ihnen auseinandersetzen.

Abschließend möchte ich noch auf eine ethische Verpflichtung hinweisen, die aus der psychodiagnostischen Tätigkeit erwächst. Ich halte es für unbedingt notwendig, daß sich der Psychologe vom Klienten in jedem Falle schriftlich von der Schweigepflicht gegenüber einem Dritten entbinden läßt, falls er einen Bericht an diesen abgeben soll. Auch bei Auskünften mündlicher Art muß sich der Psychologe unbedingt versichern, daß der Klient mit der Weitergabe von Informationen einverstanden ist. Diese Forderung stellt nicht nur eine ethische Verpflichtung dar, sondern entspricht auch einer gesetzlichen Vorschrift. So weist beispielsweise in der BRD der Gesetzgeber im § 203 Abs. 1 StGB ausdrücklich darauf hin, daß sich wegen Verletzung von Privatgeheimnissen strafbar macht, wer unbefugt ein fremdes Geheimnis offenbart, das ihm als Arzt, als Diplompsychologe, als Erziehungs-, Ehe- oder Jugendberater, Berater für Suchtfragen in einer staatlich anerkannten Beratungsstelle, als staatlich anerkannter Sozialarbeiter oder Sozialpädagoge, ferner als Rechtsanwalt oder Steuerberater, Mitarbeiter einer Kranken-, Unfall- oder Lebensversicherung anvertraut oder sonst bekannt geworden ist. Das gleiche gilt für die berufsmäßig tätigen Hilfskräfte der Genannten sowie für Personen, die zur Vorbereitung auf den Beruf tätig sind (§ 203 Abs. 3 StGB), d.h. also z.B. auch für Studenten, die im Rahmen eines Praktikums mit einem Klienten zusammentreffen.

Selbst wenn es das vom Klienten ausdrücklich gewünschte Untersuchungsziel ist, daß der Diagnostiker Tests durchführe, deren Resultate er dann beispielsweise an eine Institution weiterleiten solle, scheint es mir vor allem aus zwei Gründen wichtig, sich doch noch einmal schriftlich von der Schweigepflicht entbinden zu lassen: Zum einen stellt die schriftliche Entbindung einen rechtlichen Schutz für den Psychologen dar, falls der Klient später (z.B. in dem Fall, daß der Bericht nicht den von ihm gewünschten Erfolg gezeitigt hat) dem Diagnostiker vorwürfe, er sei nie mit einer Bekanntgabe seiner Untersuchungsergebnisse an Dritte einverstanden gewesen. Der andere, mir noch wichtiger erscheinende Aspekt ist der, daß der Klient dadurch, daß er seine Unterschrift gibt, noch einmal ausdrücklich darauf hingewiesen wird, daß seine Untersuchungsresultate Dritten zugänglich gemacht werden. Unter Umständen kommt es dadurch dann noch einmal zu einem ausführlichen Gespräch über die Befunde und über den Wunsch des Klienten, sie weiterleiten zu lassen. Möglicherweise wird ihm - und auch dem Psychologen - im Verlaufe der Diskussion klar, daß manche Konsequenzen bisher nicht recht bedacht worden sind, und daß der Klient vielleicht allzu voreilig seine Zustimmung gegeben hat.

Die schriftliche Entbindung sollte natürlich erst recht eingeholt werden, wenn Drittpersonen (z.B. Kollegen, Kliniken oder irgendwelche Ämter) den Psychologen um Überlassung der Befunde bitten. Bei einer gleichzeitigen Behandlung durch mehrere Angehörige einer der im § 203 Abs. 1 StGB (s.o.) genannten Berufsgruppen darf zwar eine Einwilligung zur Offenbarung - sofern nicht ausdrücklich widersprochen wird - gemutmaßt werden. Ich möchte jedoch dafür plädieren, daß der Diagnostiker (und auch der Therapeut) in jedem Falle sorgfältig die Konsequenzen reflektiert, die eine Weitergabe von Informationen für den Klienten hat.

Eine Einwilligung des Klienten zur Offenbarung der ihn betreffenden Angaben sollte unbedingt auch im Hinblick auf Kollegen eingeholt werden, die die weitere Behandlung übernommen haben. Eine Offenbarungsbefugnis kommt niemals allein dadurch zustande, daß der Empfänger der Mitteilung selbst zu dem im § 203 StGB genannten Personenkreis gehört. Abgesehen von den gesetzlichen Bestimmungen, bin ich der Ansicht, daß sich der Klient unbedingt mit der Frage konfrontieren lassen muß, ob er wirklich mit der Weiterleitung der Untersuchungsergebnisse einverstanden ist. Auch der Psychologe kann sich in einem Gespräch über diese Probleme seiner Verantwortung noch einmal bewußt werden und gegebenenfalls seine persönlichen Bedenken dem Klienten mitteilen.

Eine gesetzliche Offenbarungsbefugnis ohne Einwilligung des Klienten ist nur dann gegeben, wenn es sich um das Vorhaben oder die begonnene Ausführung von Straftaten handelt, deren Nichtanzeige mit Strafe bedroht ist (s. § 138 StGB in der BRD). Die Offenbarung eines schutzbedürftigen Privatgeheimnisses ist auch dann nicht rechtswidrig, wenn ein rechtfertigender Notstand (§ 34 StGB) vorliegt. Dies trifft zu, wenn die Offenbarung ein angemessenes Mittel ist, um eine gegenwärtige, anders nicht abwendbare Gefahr für Leben, Leib, Freiheit, Ehre, Eigentum oder ein anderes Rechtsgut von sich selbst oder einem anderen abzuwenden. Voraussetzung dafür ist ein Abwägen der Rechtsgüter, wobei die drohende Gefahr die Schutzbedürftigkeit der anvertrauten oder bekanntgewordenen Privatgeheimnisse wesentlich (!) überwiegt. Eine solche Entscheidung kann den Psychologen in eine ethisch schwierige Situation bringen.

3. Ethische Probleme in der therapeutischen Arbeit

Eine recht große Zahl von Psychologen ist therapeutisch tätig, wobei ich in diesem Zusammenhang unter "Therapie" nicht nur Behandlungsmethoden mit einer zum Teil lang dauernden, speziellen Ausbildung (wie Psychoanalyse, Gesprächspsychotherapie und Verhaltenstherapie) verstehe. Mit dem Begriff "therapeutische Arbeit" sind hier vielmehr in einem weiteren Sinne die verschiedenen Interaktionen zwischen einem Rat- oder Behandlung-Suchenden und dem Psychologen gemeint.

Die Bedingungen, unter denen sich Klienten an einen Therapeuten wenden, können erheblich voneinander abweichen: Zum einen finden wir Menschen, die von sich aus wegen verschiedener, ihnen schwer lösbar erscheinender Probleme den Psychologen konsultieren (z.B. Erwachsene, die sich an den Psychologen in einem Ambulatorium oder in der freien psychologischen Praxis wenden). In anderen Fällen erachten Beziehungspersonen eine Behandlung für notwendig und veranlassen den Klienten, - zum Teil mit ihnen zusammen - den Therapeuten aufzusuchen (z.B. Eltern mit ihren Kindern). Manchmal ist es auch eine Institution (z.B. das Gericht), die einem Klienten eine Behandlung sogar auferlegt.

Durch die Bedingungen, unter denen ein Klient kommt, wird nicht nur die Dynamik der Behandlung (im Sinne der Psychoanalyse: die Übertragung) beeinflußt, sondern es können sich daraus auch schwer lösbare ethische Probleme ergeben. Schon die einfachste Situation, in der sich ein erwachsener Ratsuchender an einen Therapeuten wendet, erfordert vom Psychologen eine Reihe von Entscheidungen, die sich bei genauerer Betrachtung als nicht so unproblematisch erweisen, wie sie zu sein scheinen. Einige dieser Fragen möchte ich im folgenden diskutieren.

In der Regel wird sich der Therapeut in einem ersten Gespräch vom Klienten schildern lassen, wegen welcher Probleme er den Psychologen aufsucht. Er wird sich ferner - je nach der Persönlichkeitstheorie und dem Behandlungskonzept, denen er sich verpflichtet fühlt - für die Lebenssituation des Klienten interessieren, soweit er sie für die vorgebrachten Beschwerden als relevant ansieht. Aufgrund dieser Informationen wird der Therapeut entscheiden, ob er überhaupt eine Behandlung für indiziert hält, und wie gegebenenfalls die Therapie aussehen sollte (z.B. Häufigkeit und Dauer der Sitzungen, Beratung oder Therapie im engeren Sinne, eine eher auf eine Persönlichkeitsumstrukturierung angelegte Langzeitbehandlung oder eine auf einen Fokus oder ein bestimmtes Symptom eingeengte Therapie etc.).

So unproblematisch diese hier nur in groben Zügen geschilderten Schritte am Anfang des diagnostisch-therapeutischen Prozesses auch zu sein scheinen, so reflexionswürdig sind sie doch angesichts der Frage nach den ethischen Implikationen unseres therapeutischen Handelns. Die Reaktionen des Therapeuten auf den Ratsuchenden und seine Entscheidungen die Behandlungsindikation betreffend, werden nämlich nur zu einem - vielleicht erstaunlich - geringen Teil von sogenannten "sachlichen" Gesichtspunkten bestimmt.

So ist beispielsweise bekannt und mehrfach belegt, daß Angehörige der unterprivilegierten sozioökonomischen Schichten nicht nur einem höheren Erkrankungsrisiko und vermehrt psychischen Störungen ausgesetzt sind, sondern auch, was die Behandlung (Therapieform, Dauer, Intensität, Prognose) anbelangt, benachteiligt sind (s. DÖRNER et al., 1979; GLEISS et al., 1973; WALLER, 1972). Einem Mittelschicht-Patienten mit einer guten Verbalisierungs- und Konzeptualisierungsfähigkeit gelingt es oft wesentlich leichter, dem Therapeuten sein Problem darzulegen und ihn dafür zu interessieren, als einem Ratsuchenden aus der Unterschicht. Dabei spielt etwa auch der Umstand eine wichtige Rolle, ob Therapeut und Patient der gleichen sozialen Schicht entstammen und somit viel leichter miteinander kommunizieren können, als wenn schichtspezifische Unterschiede die Verständigung erschweren. Selbstverständlich kann man es dem Psychologen nicht als ethisch unverantwortbar anlasten, wenn er die Behandlung eines Patienten nicht übernimmt, dessen Not er nicht versteht und - selbst wenn er dessen Bedürftigkeit erahnt - dem er sich nicht verständlich machen kann. Dennoch liegt hier ein ethisches Problem, dessen wir uns bewußt sein sollten.

Als zweite Determinante für die Indikationsentscheidung habe ich oben das Persönlichkeits- und das Behandlungskonzept erwähnt, an denen sich der Therapeut orientiert. In der Regel beherrscht ein Psychologe aufgrund einer speziellen Weiterbildung bestimmte Behandlungsmethoden und setzt diese nach bestem Wissen bei seinen Klienten ein. Bei dem zum Teil sehr großen (zeitlichen und die Persönlichkeit des angehenden Therapeuten beanspruchenden) Aufwand, den die Ausbildung in den verschiedenen Therapiemethoden erfordert, ist es einem Therapeuten in der Regel nur möglich, in wenigen Methoden eine fundierte Ausbildung und therapeutische Erfahrungen zu erwerben. Welcher Art der Behandlung ein Patient zugeführt wird, hängt also unter Umständen wesentlich davon ab, welchen Therapeuten er aufsucht.

Auch wenn bisher keine Behandlungsmethode hat nachweisen können, daß sie allein effiziente Resultate zu erbringen vermag, und letztlich jede dieser Methoden Erfolge aufzuweisen hat, so muß man sich doch fragen, ob der Therapeut seinen Klienten wirklich immer voll gerecht zu werden vermag, indem er ihnen seine spezielle Methode anbietet. Zwangsläufig kennen wir "unsere" Methode am besten und vertrauen auf ihre Wirksamkeit - sonst würden wir sie nicht verwenden. Ob sie aber auch für einen bestimmten Patienten mit seinen speziellen Schwierigkeiten immer die beste Methode ist, wissen wir letztlich nicht. Hier müssen wir nach bestem Wissen und Gewissen entscheiden und die Verantwortung dafür auf uns nehmen.

Man könnte einwenden, daß ein Team, das sich aus Therapeuten ganz verschiedener Schulen zusammensetzte, eine Lösung dieser Probleme böte. Dies mag zwar die Subjektivität etwas einschränken, enthöbe den Einzelnen und das Team als Ganzes aber immer noch nicht der Verantwortung, welche die beteiligten Therapeuten für die letztlich getroffene Entscheidung tragen müßten. Solche Gruppenentscheidungen sind heute in vielen Wissenschaftsbereichen, in denen man auf eine Teamarbeit angewiesen ist, recht beliebt. Es wird damit aber eine "ethische Enthaltsamkeit" gefördert, "die die Personalität in den Schatten des moralisch schwer faßbaren Gremiums drängt", wie es GUNTRAM (1981) in einer kritischen Reflexion über Religion und Wissenschaft vor kurzem formuliert hat.

Vom Persönlichkeitsmodell und vom entsprechenden Behandlungskonzept sowie von dem Eindruck (ich verwende hier absichtlich diesen etwas vagen, recht weiten Begriff), den der Therapeut vom Patienten gewonnen hat, hängt, wie erwähnt, ab, welches therapeutische Vorgehen er dem Ratsuchenden vorschlägt. Hierbei spielen ganz verschiedene Determinanten eine Rolle. Es ist selbstverständlich - und ich möchte deshalb im folgenden diese Aspekte ausklammern -, daß bei dieser Entscheidung den Indikationskriterien, wie sie die verschiedenen psychotherapeutischen Schulen ausgearbeitet haben (s. HEIGL, 1972), eine zentrale Bedeutung zukommt. Angesichts der Frage nach den ethischen Implikationen unseres therapeutischen Handelns sollten wir unser Augenmerk aber auch auf Determinanten richten, die vielleicht ebenso "sachlich" gerechtfertigt erscheinen, aber doch mitunter recht problematisch sind.

Nehmen wir das Beispiel eines erwachsenen Patienten, der uns mit der Bitte aufsucht, ihm bei der Bewältigung seiner Lebensschwierigkeiten (z.B. depressive Verstimmungen und Kontaktstörungen) behilflich zu sein. Wir sind in den Vorgesprächen vielleicht zu der Überzeugung gelangt, daß bei ihm eine längere, intensive Psychotherapie indiziert sei, und haben dem Patienten einen entsprechenden Vorschlag unterbreitet, den er angenommen hat.

Wir müssen uns fragen, was dieses Angebot in ihm auslöst. Lassen wir unbewußte Ängste und Widerstände, die wir nach psychoanalytischer Auffassung für wichtig halten, die aber andere Therapiemethoden nicht in ihre Überlegungen einbeziehen, in der jetzigen Diskussion beiseite, so müssen wir doch sagen, daß wohl bei jedem Patienten ein Gefühl ausgelöst wird, wenn wir ihm mitteilen, daß wir eine Behandlung für indiziert halten. Es kann sein, daß er aus einer solchen Mitteilung nicht nur erleichtert entnimmt, daß wir ihm unsere Hilfe anbieten. Vielmehr kann unsere Behandlungszusage für den Patienten auch kränkend und ausgesprochen schmerzlich sein, wenn er sie als Hinweis darauf empfindet, daß wir ihn für "krank" und unfähig hielten, seine Schwierigkeiten allein bewältigen zu können.

Ein anderes Gefühl, das durch ein Behandlungsangebot wohl bei allen Patienten ausgelöst wird, ist die Hoffnung auf eine Besserung ihres Zustandes. Was der einzelne Patient dabei konkret unter "Besserung" versteht, ist ihm selbst oft recht unklar. Dennoch werden sich Patient und Therapeut wohl nie für eine Behandlung entschließen, wenn nicht beide Beteiligten die Hoffnung hätten, die Therapie könne für den Patienten positive Änderungen bringen.

Auf die Frage danach, was denn eine solche "positive Änderung" sein könnte, werden allerdings verschiedene Patienten und Therapeuten zum Teil erheblich voneinander abweichende Antworten geben. Der eine wird etwa die Beseitigung eines vom Patienten beklagten Symptoms als Ziel der Behandlung ansehen. Ein anderer wird sich erst zufrieden geben, wenn auch Probleme aufgearbeitet worden sind, die zunächst vom Ratsuchenden nicht als belastend erwähnt und erlebt worden sind. Ein Dritter hingegen wird sich weniger um bestimmte manifeste oder latente "Symptome" kümmern, sondern von einer "positiven Änderung" erst dann sprechen, wenn eine tiefgreifende Persönlichkeitsumstrukturierung erreicht worden ist.

Auch hinsichtlich ihrer Eindeutigkeit weichen die Vorstellungen davon, was für einen bestimmten Patienten eine "positive Änderung" sein könnte, oft erheblich voneinander ab. Der eine Patient wird sich vielleicht mit einem ganz spezifischen Problem oder mit einer relativ eng umrissenen Frage an den Therapeuten wenden, während ein anderer Ratsuchender unter dem allgemeinen Eindruck steht, daß "es so nicht weitergehen" könne. Oft findet auch im Verlaufe der Behandlung eine Verschiebung statt, indem sich die zunächst vom Patienten angegebenen Schwierigkeiten als "Präsentiersymptom" erweisen, hinter denen der eigentliche Konflikt erst später sichtbar wird. Doch welche Vorstellungen Patient und Therapeut auch immer von einer "positiven Änderung" haben mögen: Stets wird durch das Behandlungsangebot im Patienten ein Gefühl der Hoffnung auf eine "Besserung" geweckt.

Hier stellt sich jedoch die Frage, ob wir es im Grunde verantworten können, im Patienten solche Hoffnungen aufkommen zu lassen. Unser theoretisches Wissen und unsere therapeutische Erfahrung (vielleicht aber auch unsere therapeutischen Omnipotenzvorstellungen?) mögen uns sagen, daß es diesem Patienten gelingen kann, seine Probleme in der Behandlung aufzuarbeiten. Es mag auch sein, daß wir (wie es manche psychoanalytischen Therapeuten tun) in einem speziellen Vorgespräch den Patienten darauf hingewiesen haben, daß er selber einen wesentlichen Teil an der therapeutischen Arbeit zu leisten haben wird und daß wir jetzt über die Prognose noch nichts Definitives aussagen können. Dennoch wird - mit Recht - im Patienten die Hoffnung aufkeimen, nun werde "es besser werden", eine Hoffnung, die übrigens in Therapiephasen, in denen der Patient resigniert und verzweifelt ist, sehr wichtig sein kann.

Trotz dieser positiven und für die Behandlung wichtigen Aspekte der Hoffnung bleibt die Frage bestehen, ob wir in unseren Patienten Hoffnungen wecken dürfen, von denen wir noch gar nicht wissen, ob sie sich überhaupt erfüllen werden bzw. ob die "Besserung" letztlich vom Patienten auch als positive Veränderung erlebt wird. Könnten wir nicht unversehens in die Situation eines mir bekannten Arztes geraten, der einen jungen schizophrenen Patienten mit Hilfe von Psychopharmaka zwar von den ihn ängstigenden und plagenden akustischen Halluzinationen, seinen "Stimmen", befreien konnte, dem sein Patient daraufhin aber klagte, wie leer und tot die Welt für ihn nun geworden sei?

Gerade wenn wir unter dem psychodynamischen Gesichtspunkt die Symptome eines Menschen nicht nur als pathologische Mechanismen betrachten, die es um jeden Preis zu beseitigen gilt, sondern darin stets auch - zumindest in der Vergangenheit einmal sinnvolle und wirksame - Problembewältigungsstrategien, Versuche einer "Selbstheilung" (BECK, 1981), sehen, die es dem Betreffenden ermöglichen, in seiner Welt zu überleben, so spitzt sich die Frage nach den Änderungen, welche die Therapie bringen soll, weiter zu. Können wir unserem Patienten in der Behandlung tatsächlich dazu verhelfen, bessere Lebensstrategien zu finden? Die Hoffnungen des Therapeuten mögen sich erfüllen, indem der Patient in der Therapie seine Symptome verliert und eine Persönlichkeitsreifung durchmacht. Welche Konsequenzen aber ergeben sich aus einer solchen Nachreifung für das Leben des Patienten, für seine Partnerbeziehungen, für seine berufliche Situation und für andere ihm wichtige Bereiche?

Gewiß kann man mit Recht argumentieren, daß ein Mensch, der in einer längeren Therapie eine Nachreifung durchgemacht hat, dann auch in der Lage sein wird, die konflikthafte Situation, in der er vielleicht lebt, besser zu bewältigen. Trotzdem laden wir mit der

Übernahme jeder Behandlung eine große Verantwortung auf uns und müssen im Grunde jedes Mal damit rechnen, daß uns ein Patient am Ende damit konfrontiert, daß es nicht die jetzt erreichte Änderung war, auf die sich ursprünglich seine Hoffnung auf "Besserung" gerichtet hatte. Vielleicht wird er uns sogar den Vorwurf nicht ersparen können, er stehe jetzt größeren Problemen gegenüber als früher. Wir würden es uns zu einfach machen, wenn wir eine solche Aussage lediglich als "Widerstand", "negative therapeutische Reaktion" oder "heilsame Konfrontation mit der Realität" interpretieren wollten und damit von uns schöben. Vielmehr sollten wir uns in einem solchen Falle doch von dem Vorwurf des Patienten treffen lassen und anerkennen, daß wir in einem existentiellen Sinne schuldig an ihm geworden sind - trotz aller Hilfe, die wir ihm geleistet haben.

Nicht nur im Hinblick auf das Resultat der Behandlung ergeben sich mitunter schwierige Probleme, sondern auch die Therapie selber konfrontiert den Therapeuten oft mit ethisch schwer lösbaren Situationen. Dies betrifft insbesondere das Ausmaß an Belastungen, welche die Behandlung zwangsläufig mit sich bringt. Gewiß erlebt der Patient - vor allem zu Beginn der Therapie -, daß sich seine Hoffnung auf Erleichterung erfüllt, allein schon durch die Tatsache, daß der Therapeut ihm seine ungeteilte und bedingungslose Aufmerksamkeit und Hilfe anbietet. Zugleich aber bringt eine intensive Psychotherapie auch große Belastungen für den Patienten mit sich. Ein jedes Weiterschreiten in der Persönlichkeitsentfaltung hat auch schmerzliche Seiten, und wir können unseren Patienten diese Erfahrungen nicht ersparen, wenn wir mit ihnen ernsthaft an ihrer Entwicklung arbeiten.

Wie schmerzlich und das Persönlichkeitsgefüge manchmal bis in seine Grundfesten hinein erschütternd eine Neuorientierung sein kann, erleben wir immer wieder im Dialog mit unseren Patienten. Bildhaften Ausdruck findet eine solche Auflösung der bisher gültigen Koordinaten beispielsweise in Träumen wie dem folgenden: "Ich sehe eine Reihe alter, eng zusammengebauter Häuser. Plötzlich hebt sich beim mittleren das oberste Stockwerk mit dem Dachstock etwas empor, neigt sich zur Seite und stürzt auf das Haus zurück und begräbt es unter sich. Danach bleibt nur noch eine Lücke an der Stelle, wo das Haus gestanden hat." Das neurotische Arrangement, das einem Menschen wie diesem Träumer in seinem bisherigen Leben Schutz geboten hat, erweist sich plötzlich als Gefängnis, als Sackgasse, aus der es kein Zurück zu geben scheint. Es ist die beängstigende Einsicht, die ein Patient mit den Worten beschrieb: "Ich bin auf allen Seiten von Wänden umstellt. Wohin ich mich auch drehe, überall tappe ich in meine eigenen Fallen hinein."

Angesichts einer solchen Situation erfordert es tatsächlich oft großen Mut von einem Patienten, sich mit der Misere seines bisherigen Lebens auseinanderzusetzen und zu realisieren, wieviele Möglichkeiten er verpaßt hat und wieviel ungelebt geblieben ist. Der folgende Traum legt in eindrucksvoller Weise Zeugnis von einer solchen Einsicht ab und läßt das "Versäumnis", das Vorbeigehen am eigenen Leben, in seiner ganzen erschreckenden Tragweite deutlich werden: "Mir ist die Sorge für eine junge, schwarze Katze übertragen. Als ich gefragt werde, wie es dem Kätzchen geht, erschrecke ich, denn ich habe es vergessen. In einem Zimmer finde ich es tot auf seiner Decke liegen. Es ist tot und schon leicht verwest."

Auch wenn es im Verlauf einer Psychotherapie unumgänglich ist, daß sich der Patient auf dem Weg zu einer Neuorientierung mit solchen ihn ängstigenden und bedrückenden Seiten seiner selbst auseinandersetzt, so bleibt doch die Frage an uns als Therapeuten bestehen, wieviel an Belastungen wir unseren Patienten zumuten dürfen. Es geht mir dabei jetzt nicht um eine Beantwortung dieser Frage aus behandlungs"technischer" Sicht. Dies ist nur ein Aspekt des Problems. Unter dem ethischen Gesichtspunkt enthebt uns auch die Berufung auf therapeutische Konzepte nicht der Verantwortung, die wir in jeder Behandlungsstunde von neuem angesichts der Entscheidung, wieviel Leiden wir unseren Patienten zumuten dürfen, auf uns nehmen müssen. Wir werden vermutlich nie das optimale Maß finden können.

In diesem Zusammenhang müssen wir uns bei manchen der neuen, sogenannten "beschleunigenden" Therapie- und Selbsterfahrungsmethoden auch die Frage vorlegen, ob wir es verantworten können, die an solchen Aktivitäten Teilnehmenden beispielsweise nach den Erfahrungen eines Wochenendes heimzuschicken und damit auf sich selbst zurückzuwerfen. Die mitunter fast süchtigen Charakter annehmende Abhängigkeit, in die manche Teilnehmer diesen Therapien gegenüber geraten, mag man als eine Durchgangsphase auf dem Wege der Persönlichkeitsentwicklung ansehen. Dennoch muß sich der Therapeut bei einer kritischen Reflexion seines Tuns fragen, ob er diese Abhängigkeit und das Erleben der Teilnehmer, nach intensiven Gruppeninteraktionen plötzlich wieder ganz auf sich selbst zurückgeworfen zu sein, seinen Klienten zumuten darf und ob sich diese Erfahrungen letztlich heilsam für sie auswirken werden.

Ethisch zu hinterfragen ist auch die Tatsache, daß es bei manchen solcher Gruppenaktivitäten zur Aufnahme intimer Beziehungen zwischen den Teilnehmern sowie zwischen Teilnehmern und "Therapeut" kommt (s. SHEPARD et al., 1970). Sehen wir einmal davon ab (obwohl auch das diskussionswürdig wäre), welche Auswirkungen solche Erlebnisse auf das gesamte Beziehungsgefüge des einzelnen Teilnehmers haben, so bleibt doch die ethisch fragwürdige Tatsache bestehen, daß die Leiter solcher Gruppen die Teilnehmer im Grunde dazu "verführen", Beziehungen unter Bedingungen aufzunehmen, die - psychoanalytisch gesprochen - ein Agieren von Übertragungsgefühlen darstellen und letztlich der äußeren Realität in keiner Weise entsprechen. Bei Aufnahme sexueller Beziehungen zwischen "Therapeut" und Teilnehmer liegt das Problem nicht nur darin, daß hier im Grunde eine Beziehung mit einem (gefühlsmäßig) "Abhängigen" eingegangen wird. Zu diesem juristischen Aspekt kommt der noch wichtigere ethische: Ein solcher "Therapeut" mißbraucht seinen Patienten zur Befriedigung eigener Wünsche. Dem Patienten wird damit ein für seine Persönlichkeitsentwicklung wichtiger Freiraum, den die Therapie darstellen könnte, genommen. Hält sich der Therapeut nicht an die von FREUD (1915) postulierte "Abstinenzregel", so verhindert er letztlich die weitere Entwicklung des Menschen, der sich ihm in der Hoffnung anvertraut, seine Konflikte in der Behandlung bearbeiten zu können. Mit Recht haben deshalb die Verfasser der ethischen Richtlinien nachdrücklich darauf hingewiesen, daß der Therapeut die Beziehung zum Klienten nicht für persönliche Interessen ausnutzen dürfe und eine Beziehung beenden müsse, wenn die eigenen Persönlichkeitsprobleme die Beziehung zu beeinträchtigen drohten.

Wenn auch die Aufnahme intimer Beziehungen zwischen Therapeut und Patient die sehr seltene Ausnahme ist, so kann auch bei größerer Distanz und bei einer kritischen Reflexion des eigenen therapeutischen Handelns doch die Gefahr bestehen, daß der Patient durch - vor allem unbewußte - Tendenzen des Therapeuten in seiner Persönlichkeitsentwicklung behindert wird. So kann es geschehen, daß ein Therapeut zwar glaubt, zum Wohle seines Patienten zu handeln. Tatsächlich aber verhindert er vielleicht aufgrund eigener ungelöster Konflikte und ihm selbst unbewußter Tendenzen gerade durch die Behandlung die Weiterentwicklung des Patienten.

Verschiedene Komplikationen dieser Art sind bekannt. So kann beispielsweise ein Therapeut den Patienten in seiner Unselbständigkeit festhalten, und zwar aufgrund des ihm selbst unbewußten Wunsches, sich immer wieder als "Helfer" und "Retter" einem Hilflosen gegenüber erleben zu können. Oder ein Patient wird durch die hohen, aus narzißtischen Quellen stammenden therapeutischen Aspirationen des Behandelnden permanent überfordert, nur weil ein Therapie-"Mißerfolg" für den Therapeuten eine (narzißtische) Kränkung darstellen würde. In der Behandlung dissozialer Persönlichkeiten können solche Gegenübertragungskomplikationen beispielsweise in der Form auftreten, daß der Therapeut zwar bewußt den Wunsch hat, dem Patienten zu helfen, sich aus seinen dissozialen Verstrickungen zu lösen. Unbewußt aber kann der Wunsch des Therapeuten bestehen, eigene "dissoziale" Impulse an den Patienten zu delegieren und im Patienten stellvertretend zu leben (zu den speziellen Problemen bei der Behandlung Dissozialer s. RAUCHFLEISCH, 1981, 1982). In allen diesen Fällen kann man zwar nicht in einem juristischen, wohl aber in einem ethischen Sinne von einer Schuld sprechen, die der Therapeut, ohne es zu wollen, auf sich lädt.

Gewiß lassen sich die Gegenübertragungskomplikationen durch eine intensive psychoanalytische Selbsterfahrung des Therapeuten und durch die regelmäßige Supervision seiner Behandlungen bis zu einem gewissen Grade vermeiden oder können zumindest rechtzeitig erkannt werden, ehe sie sich negativ für den Patienten auszuwirken beginnen. Dennoch wäre es eine unrealistische Vorstellung, wenn wir annähmen, wir vermöchten als Therapeuten je dahin zu gelangen, den sich uns anvertrauenden Patienten umfänglich gerecht werden zu können. Verstehen wir mit BENEDETTI (1974) die Psychotherapie als "Grenzerfahrung, ein Können an der Grenze des Nichtkönnens, ein Mitsein an der Grenze des Fremdbleibens, ein Verstehen an der Grenze des Unverständlichen, ein sympathetisches Mitgehen an der Grenze der undurchdringlichen Geschiedenheit", so verliert die Frage nach einer möglichst perfekten Behandlungs-"Strategie" indes ihre Bedeutung. Ins Zentrum rückt anstatt dessen das dialogische Element in der Psychotherapie (s. POHLEN et al., 1973), die Erfahrung einer Begegnung.

Es ist in einer solchen Behandlung nicht nur der Patient, der - für ihn oft schmerzliche - Einsichten in seine inneren und äußeren Verstrickungen gewinnt. Die psychotherapeutische Situation konfrontiert vielmehr auch den Therapeuten stets von neuem mit der Erkenntnis, "daß die Geschichte einer Psychotherapie meistens eine Geschichte der menschlichen Unzulänglichkeit, der Fehler, der Blindheiten, der eigenmächtigen, emotionellen Ansprüche des Therapeuten ist und daß das Heilsame viel eher aus der Einsicht in die Situation der mitmenschlichen Verstrickung, als aus der oft schwindenden Gabe des Immer-verstehen-Könnens, des Immer-geduldig-Seins erwächst. Der Psychotherapeut, der nur sein eigenes Können sich selber und anderen beweisen will, hat den Posten schon verloren" (BENEDETTI, 1974). So schwer dem Behandelnden diese Einsicht auch werden mag, so wichtig ist es doch, daß er sich der von BENEDETTI beschriebenen Situation stellt und sie akzeptiert. Unter diesen Bedingungen kann dann unversehens die eigene menschliche Begrenztheit des Therapeuten zu einem "Berührungsort werden, anstatt zu einem Ort der Spaltung" (BENEDETTI, 1974).

Mit der Zusage an einen Patienten, eine Behandlung mit ihm durchzuführen, übernimmt der Therapeut eine Verantwortung, deren Umfang er unter Umständen nicht absehen kann. Die Verpflichtungen, die ihm aus einer solchen Zusage erwachsen, kann er manchmal zu Beginn der Therapie nur erahnen. Gewiß müssen sich Patient und Therapeut darüber klar sein, daß unvorhersehbare Ereignisse dazu führen können, daß der Therapeut seine Behandlungszusage nicht aufrechterhalten kann und die Therapie vorzeitig abbrechen muß. Es wäre auch vermessen anzunehmen, Wohl und Wehe eines Patienten hingen nur von einer einzigen Person, in diesem Falle von seinem Therapeuten, ab. Dennoch kann es in bestimmten Situationen, durch eine Verkettung unglücklicher Umstände, dazu kommen, daß die Nicht-Einhaltung der Behandlungszusage durch den Therapeuten verhängnisvolle Folgen für seinen Patienten hat - Folgen, für die der Therapeut, auch wenn es zwingende Gründe waren, die zur Unterbrechung der Behandlung führten, letztlich verantwortlich ist.

Eine besonders tragische Situation dieser Art war die folgende: Bei einem mehrfach straffällig gewordenen jungen Mann war nach Art. 43 Schweizer StGB eine ambulante psychiatrische Behandlung angeordnet worden. Eine Therapeutin erklärte sich bereit, die Behandlung zu übernehmen. Parallel zur psychiatrischen Betreuung des Patienten fand noch eine Familientherapie statt, an der der Patient, seine Ehefrau und die beiden Kinder (zwei Töchter von 3 und 5 Jahren) teilnahmen. Ferner bemühte sich eine Schutzaufseherin intensiv um den Patienten und seine Familie. Es kam allerdings zu keiner Koordination der verschiedenen therapeutischen und betreuerischen Aktivitäten. Wenige Monate nach Beginn der psychiatrischen Behandlung verstarb der Vater des Patienten an einem Karzinom. Der Patient litt sehr unter dem Verlust des Vaters und erwähnte der Therapeutin gegenüber immer wieder, daß er sich in den vergangenen Jahren, in denen es vor allem zwischen seiner Mutter und ihm zu Spannungen wegen seiner Eheschließung gekommen war, dem Vater zunehmend verbunden gefühlt habe. Wenige Wochen nach dem Tode des Vaters verstarb auch die ältere Schwester des Patienten an einem Herzversagen. Sie war die Person, zu der er von Kindheit an die engste Bindung unterhalten hatte. Auf diesen neuerlichen Verlust einer nahen Beziehungsperson reagierte der Patient mit schweren depressiven Verstimmungen.

Wenige Wochen nach diesen Ereignissen mußte die Therapeutin die Einzelbehandlung für einige Monate unterbrechen und die Betreuung des Patienten während dieser Zeit an einen Kollegen abgeben. Unglücklicherweise schied zur gleichen Zeit auch die Therapeutin aus, die zusammen mit einem männlichen Kollegen die Familienbehandlung durchgeführt hatte. Der Patient reagierte in keiner sichtbaren Weise auf diese Trennungserlebnisse. Doch bereits wenige Tage nach der Abreise der beiden Therapeutinnen verübte er ein schweres Notzuchtsdelikt, indem er einer jungen Frau in einen Keller folgte, sie dort mit einem Messer bedrohte und sich an ihr verging. Ich kann hier nicht ausführlicher auf die Dynamik dieser Straftat eingehen. Es ist nicht beweisbar, aber aufgrund der Tatumstände und der Psychodynamik des Patienten zu vermuten, daß das Verlassenwerden durch die beiden Therapeutinnen einen entscheidenden Einfluß auf das Begehen der Straftat hatte (eine ausführlichere Diskussion findet sich in meinem Buch "Dissozial", 1981).

Beide Therapeutinnen hatte in diesem Falle wichtige Gründe, die Behandlung zu unterbrechen. Sie hatten auch die bevorstehende Unterbrechung mit dem Patienten besprochen und dafür gesorgt, daß die Therapie von Kollegen weitergeführt wurde. Es wäre unsinnig, ihnen einen "therapeutischen Kunstfehler" vorzuwerfen. Dennoch zeigt dieses Beispiel deutlich, welche Verantwortung wir übernehmen, wenn wir einem Patienten zusagen, eine Behandlung mit ihm durchzuführen.

Ich bin bisher vor allem auf Probleme eingegangen, wie sie sich bei der Behandlung erwachsener Patienten ergeben, die von sich aus eine Therapie wünschen. Noch komplizierter kann die Situation aber sein, wenn nicht in erster Linie der "Patient" selbst um eine Behandlung nachsucht, sondern Angehörige (z.B. im Falle eines Kindes die Eltern) oder eine staatliche Instanz (z.B. bei einer gerichtlich angeordneten Therapie) die treibende Kraft sind. Es besteht in diesen Fällen die Gefahr, daß der Therapeut nicht nur vom Patienten z.B. als "verlängerter Arm des Gesetzes" erlebt wird, sondern daß er sich auch tatsächlich zum Werkzeug für die Interessen Dritter machen läßt.

Gewiß heißt es mit Recht in den ethischen Richtlinien der Psychologenvereinigungen: "Sollte es für den Psychologen zu einem Konflikt kommen zwischen seiner Verantwortung dem Klienten gegenüber und berufsständischen Interessen (Anmerkung des Verfassers: gemeint sind hier Konflikte zwischen Klient und Drittpersonen, z.B. Auftraggeber), hat das Wohl des Klienten Vorrang" (Deutsche Richtlinien). Solche Situationen können sich aber so kompliziert gestalten, daß sich der Therapeut unversehens in einem ethischen Dilemma befindet. Ich werde bei der Diskussion der Probleme, die sich aus der Interaktion zwischen dem Patienten, seinen Beziehungspersonen und dem Therapeuten ergeben können (s. Kapitel 4), noch ausführlicher auf diese Fragen eingehen.

Es sei auf noch eine Schwierigkeit hingewiesen, die ebenfalls unter ethischem Aspekt betrachtet werden muß: Ich bin bei der Diskussion therapeutischer Probleme bisher davon ausgegangen, daß ein Therapeut prinzipiell jedem sich anmeldenden Klienten eine Therapie anbieten und bei Indikationsfragen frei entscheiden könne. Die Realität sieht hingegen häufig anders aus. Wie auch die Enquête "Bericht über die Lage der Psychiatrie in der Bundesrepublik Deutschland - zur psychiatrischen und psychotherapeutisch/psychosomatischen Versorgung der Bevölkerung" (1975) gezeigt hat, besteht angesichts der großen Zahl von Menschen, die psychiatrische und psychologische Hilfe brauchten, ein empfindlicher Mangel an Therapeuten (s. auch EHEBALD, 1977, und ROHDE, 1977). Hinzu kommt, daß nur ein relativ kleiner Teil von Psychologen in der Lage ist, die von ihnen durchgeführten Behandlungen über die Krankenkassen abzurechnen. Die

Folge ist, daß aus finanziellen Gründen nur bestimmte Klienten, nämlich finanziell einigermaßen gut Situierte, sich eine von einem Psychologen durchgeführte Behandlung leisten können. Wer auf psychotherapeutische Tätigkeit als Grundlage seines Lebensunterhaltes angewiesen ist, wird die übrigen Patienten nicht annehmen können.

Ein solches Vorgehen kann den Therapeuten aber in ethisch schwer verantwortbare Situationen bringen, wenn Menschen in großer Not ihn um Hilfe bitten und er sie aus finanziellen Erwägungen zurückweist - selbst wenn er ihnen die Adressen von anderen Therapeuten oder von Institutionen gibt, an die sie sich wenden könnten. Manche dieser Hilfesuchenden haben dann nicht mehr den Mut und die Kraft, den - oft recht zermürbenden - Weg auf sich zu nehmen und sich mit der Frage nach Therapiemöglichkeiten an eine Kontaktadresse nach der anderen zu wenden. Oberflächlich gesehen, kann man dem Psychologen in einer solchen Situation nichts vorwerfen. Er muß seinen Lebensunterhalt verdienen und hat ein Recht darauf, für seine Bemühungen angemessen bezahlt zu werden. Dennoch muß man bei einer Reflexion der ethischen Grundlagen unseres psychologischen Handelns bedenken, daß menschliche Not und therapeutische Hilfe keine "Waren" sind und daß es im existentiellen Sinne eine Verantwortung für den Mitmenschen gibt, der wir uns nicht entziehen können.

Ich bin allerdings der Ansicht, daß wir die geschilderte Situation nicht unbedingt fatalistisch hinnehmen müssen. Es sind vielmehr Alternativen denkbar, die z.T. von Kollegen bereits praktiziert, z.T. in neuen Behandlungskonzepten angestrebt werden. Auch wenn es unter standespolitischen Gesichtspunkten nicht immer voll befriedigende Lösungen sind, sollten wir uns doch unter einem ethischen Aspekt dazu verpflichtet fühlen, neue Organisationsformen zu entwickeln - selbst wenn es keine optimalen Bedingungen sind, die wir damit schaffen können. Sie werden aber vielleicht der - heutigen - Realität am ehesten gerecht und sollten sich vor allem hilfreich für unsere Patienten auswirken.

Eine Entlastung von Behandlungskosten ist vor allem möglich, indem Patienten in Institutionen behandelt werden. Angesichts der Tatsache, daß eine große Zahl von Psychologen derzeit in öffentlichen Einrichtungen (wie Erziehungs- und Familienberatungsstellen, Kliniken usw.) arbeitet, liegt in einer solchen Organisationsform sicherlich am ehesten die Möglichkeit, auch finanziell wenig belastbaren Patienten eine Therapie zukommen zu lassen. Es wäre unter diesem Gesichtspunkt jedoch zweifellos wünschenswert, die Behandlungsmöglichkeiten in den verschiedenen Institutionen auszubauen, indem die Zahl therapeutisch ausgebildeter Mitarbeiter vergrößert würde.

Aber auch für den in der eigenen Praxis therapeutisch arbeitenden Psychologen bestehen Möglichkeiten, wenig "finanzkräftigen" Patienten eine Behandlung anzubieten. Damit die Patienten zumindest einen Teil der Behandlungskosten von der Krankenkasse erstattet erhalten, haben sich beispielsweise in der Schweiz Psychologen mit Psychiatern in einer Gemeinschaftspraxis zusammengeschlossen. Sie haben dann durch den Status eines angestellten Psychologen die Möglichkeit, wenigstens einen Teil der Behandlungskosten über die Krankenversicherung abzurechnen. Die rechtliche Situation ist zwar zur Zeit noch nicht ganz geklärt, und es bestehen - je nach Kanton - auch noch keine eindeutigen Vereinbarungen mit den verschiedenen Krankenkassen (vgl. GRAWE, 1979; HOBI, 1979; KIND, 1979; U. MOSER et al., 1979; SCHMID-KITSIKIS et al., 1979). Immerhin ist es auf diese Weise möglich geworden, einer Reihe von Patienten eine Behandlung zukommen zu lassen, für die sie selber nur einen relativ geringen Betrag, den sogenannten "Selbstbehalt", zahlen müssen.

In der BRD ist die Situation insofern günstiger, als Vereinbarungen mit den RVO- und Ersatzkassen bestehen, die es ermöglichen, daß ein Arzt (sofern er selbst berechtigt ist, psychoanalytische oder tiefenpsychologisch fundierte Psychotherapie auszuüben) diese an einen entsprechend ausgebildeten Psychologen delegieren kann. Das gleiche gilt für die Verhaltenstherapie, wobei jedoch die Regelung zur Delegation bei dieser Therapiemethode von einzelnen psychologischen Berufs- und Fachverbänden angegriffen worden ist. So berechtigt manche Einwände aus berufspolitischer Sicht auch sein mögen, fragt es sich doch, ob wir nicht zum Wohl unserer Patienten - zumindest vorerst - auch Bedingungen akzeptieren sollten, die nicht optimal sind. Bei allzu rigidem Verfechten der berufsständischen Interessen besteht sonst unter Umständen die Gefahr, daß die dringend notwendigen gesetzlichen Regelungen verzögert werden - worunter weniger die Psychologen als vielmehr in erster Linie die Patienten leiden.

Eine andere Möglichkeit, auch wenig "zahlungskräftigen" Patienten eine Behandlung bei einem Psychologen zu ermöglichen, könnte darin liegen, daß der betreffende Therapeut neben seiner freiberuflichen Tätigkeit - unter Umständen stundenweise - in einer Institution (z.B. psychiatrische Klinik oder Ambulatorium, Erziehungs- oder Familienberatungsstelle u.ä.) mitarbeitet. Auf diese Weise könnte er Patienten behandeln, die den Weg in eine Privatpraxis nicht finden oder die aus eigenen Mitteln eine Behandlung nicht bezahlen können. Der Therapeut würde zwar in einer solchen Institution vielleicht nur eine geringe finanzielle Entschädigung erhalten. Bei einer gutgehenden psychologischen Praxis dürfte eine derartige finzanzielle Einbuße aber doch wohl zu "verkraften" sein.

Im übrigen fragt sich, ob der finanzielle Aspekt wirklich der wichtigste ist. Der Psychologe, der zeitweise in einer Institution mitarbeitet, könnte unter Umständen fachlich sehr viel von dem angestellten Team profitieren. Er arbeitete nicht mehr isoliert in seiner Praxis, sondern träte in einen intensiven Gedankenaustausch mit Kolleginnen und Kollegen. In Therapiediskussionsseminaren, Teamkonferenzen und gemeinsamen Supervisionsgruppen könnte er sein therapeutisches Spektrum erheblich erweitern und durch seine Erfahrung aus der eigenen Praxis eine Bereicherung für das Team darstellen. Der finanzelle "Verlust" würde vermutlich voll aufgewogen durch die Anregungen, die eine solche Zusammenarbeit mit sich brächte.

Eine derartige Erweiterung des psychologischen Arbeitsfeldes entspräche auch den Empfehlungen, die im "Bericht über die Lage der Psychiatrie in der Bundesrepublik Deutschland - zur psychiatrischen und psychotherapeutisch/psychosomatischen Versorgung der Bevölkerung" gegeben werden. Auch die "Bundeskonferenz für Erziehungsberatung" (s. SPECHT et al., 1977) hat sich ausdrücklich für multidisziplinäre Arbeitsgruppen in den Beratungsstellen für Kinder, Jugendliche und Erwachsene ausgesprochen. Durch die stundenweise Mitarbeit eines freipraktizierenden Psychologen im Team einer Institution könnte eine solche multidisziplinäre Arbeitsgruppe gebildet werden, deren Bedeutung darin liegt, daß sie "nicht nur die Kompetenz der einzelnen Fachleute summiert, sie potenziert sie darüberhinaus in dem Maße, wie wechselseitige Rückmeldungen über Schwierigkeiten, Mängel und Fortschritte, ständig gegenseitige Fortbildung, gemeinsame Entwicklungen und gemeinsame Sicherung der Handlungsspielräume stattfinden" (SPECHT et al., 1977).

Auch das in der Bundesrepublik Deutschland seit einigen Jahren diskutierte und geplante Gesetz, das den Psychologen eine Abrechnung über die Krankenversicherungen ermöglichen soll, stellt eine Alternative dar. Zur Zeit liegt zwar erst ein Gesetzesentwurf vor, und es ist bisher noch keine Einigkeit über die Bedingungen erzielt worden, die ein solcher von den Krankenkassen anerkannter Psychologe erfüllen muß. Immerhin ist zu hoffen, daß dieses "Psychologengesetz" bald in Kraft treten kann, damit sich auch Patienten, die über nur geringe finanzielle Mittel verfügen, eine Psychotherapie leisten können.

Man muß sich in diesem Zusammenhang auch die Frage stellen, ob es nicht möglich wäre, einzelne Patienten gratis zu behandeln. Sicherlich dürften die meisten freipraktizierenden Therapeuten finanziell wohl in der Lage sein, einen oder zwei solcher Patienten zu übernehmen. Die Erfahrungen aus den verschiedenen Institutionen, in denen Patienten gratis behandelt werden, haben auch hinlänglich bewiesen, daß der finanzielle Druck nicht die conditio sine qua non für eine erfolgreiche Therapie ist. Probleme können sich aber dennoch sowohl von Seiten des Therapeuten als auch von Seiten des Patienten ergeben. Diese sind sicher nicht unüberwindbar, sollten aber vom Behandelnden, der sich zu einer solchen Therapie entschließt, sorgfältig reflektiert werden.

Die Schwierigkeit, welcher der Therapeut gegenübersteht, liegt darin, daß er sich auf eine längere Zeit dauernde, ihn affektiv mitunter stark belastende Behandlung einläßt, ohne dafür eine finanzielle Entschädigung zu erhalten. Gerade wenn er ohne die geringsten Bedenken schnell zu solchen "Opfern" bereit ist, sollte er sich sehr genau prüfen, ob er in einem derartigen Behandlungs-Setting nicht eigene, ihm unbewußte "Retterphantasien" agiert. Diese Mahnung zur Vorsicht sollte nicht in dem Sinne mißverstanden werden, als stünden hinter der Bereitschaft, eine unbezahlte Behandlung durchzuführen, immer unverarbeitete Konflikte des Therapeuten. Angesichts der Gegenübertragungsprobleme, die ohnehin jede Therapie - unabhängig von finanziellen Belangen - mit sich bringt, sollten jedoch solche Schwierigkeiten, die bereits im Behandlungs-Setting liegen, vor Beginn der Therapie sorgfältig reflektiert werden.

Der Therapeut muß sich von vornherein darüber klar sein, daß eine unentgeltlich durchgeführte Behandlung seine Gegenübertragungsgefühle unter Umständen einer großen Belastung aussetzt. Diese kann beispielsweise in Behandlungsphasen auftreten, in denen der Patient massive Widerstände zeigt. Ich habe selbst derartige Behandlungen mit dissozialen Patienten durchgeführt und dabei deutlich erlebt, welche Gefühle im Behandelnden aufkommen, wenn die Patienten - wie es für Menschen mit schweren dissozialen Fehlentwicklungen charakteristisch ist - einerseits über längere Zeit hin immer wieder Therapiestunden versäumen, andererseits durch den Wunsch nach zusätzlichen Konsultationen den Therapeuten in einem extremen Maße in Anspruch nehmen.

Sicher stellen derartige Behandlungsphasen in jedem Fall hohe Anforderungen an die Bereitschaft des Therapeuten, einem solchen Patienten - trotz seines agierenden Verhaltens - nach wie vor eine konstante therapeutische Beziehung anzubieten und sich nicht durch die Aktionen des Patienten beirren zu lassen. Bei einer unentgeltlich durchgeführten Behandlung besteht aber in einem ungleich höheren Maße als sonst die Gefahr, daß der Therapeut (der zu all den übrigen Belastungen, denen ihn sein Patient aussetzt, auch noch die Frustration einer finanziellen Einbuße ertragen muß) eher geneigt ist, die Behandlung in derartigen Phasen seinerseits abzubrechen.

Wie bereits angedeutet, ergeben sich bei unbezahlten Behandlungen nicht nur vom Therapeuten her, sondern auch von seiten des Patienten charakteristische Schwierigkeiten. Eine Behandlung, bei der der Patient weiß, daß der Therapeut weder von ihm noch von einer Krankenkasse oder irgendeiner anderen Institution für seine Bemühungen bezahlt wird, kann für manche Patienten außerordentlich belastend sein. Es können sich beispielsweise große Schuldgefühle dem Therapeuten gegenüber entwickeln und - da ein solcher Patient unter Umständen glaubt, "dankbar" sein zu müssen - aggressive Gefühle massiv abgewehrt werden. Eine solche Konstellation ist keineswegs unüberwindbar. Es bedarf aber einer besonderen Hellhörigkeit des Therapeuten für diese Probleme. Anderenfalls besteht die Gefahr, daß wesentliche Konfliktbereiche des Patienten nicht durchgearbeitet werden.

Eine unbezahlte Behandlung kann für gewisse Patienten auch insofern eine Belastung darstellen, als sie in einem derartigen Setting eine sehr intensive Zuwendung und Nähe erleben, die ihnen unerträglich ist. Der Therapeut sollte die von solchen Patienten an ihn gerichtete (oder unausgesprochen im Raum stehende) Frage "Warum tun Sie das nur?" nicht als Höflichkeitsfloskel des Patienten beiseiteschieben. Ein wichtiges Stück der therapeutischen Arbeit sollte sich vielmehr auf die hinter dieser Frage stehenden Ängste (die nach meiner Erfahrung vom Patienten mitunter sogar paranoid verarbeitet werden) richten.

Schließlich ist zu bedenken, daß ein Patient bereits das Angebot des Therapeuten, eine Behandlung ohne Bezahlung durchführen zu wollen, als ausgesprochen kränkend erleben kann. Dies gilt nicht nur für Persönlichkeiten, deren Kernproblematik im Bereich des Selbstwerterlebens liegt. Auch von anderen Patienten kann ein derartiges therapeutisches Angebot als ein schmerzlicher Hinweis auf ihre Ohnmacht und ihre Abhängigkeit vom Wohlwollen anderer empfunden werden.

Ich habe bei der Diskussion der Frage, ob es nicht möglich wäre, Behandlungen auch unentgeltlich durchzuführen, vor allem die Komplikationen hervorgehoben. Dies geschah nicht mit dem Ziel, prinzipiell von derartigen Therapien abzuraten. Ich bin vielmehr der Ansicht, daß wir in den verschiedensten psychologischen Tätigkeitsbereichen sehr wohl Patienten behandeln können und sollten, für deren Therapie wir nicht bezahlt werden. Es erscheint mir aber eminent wichtig, daß wir uns nicht darüber täuschen, welche Belastungen sich dabei ergeben können. Wie ich zu zeigen versucht habe, geht es nicht lediglich darum, ob wir als Therapeuten bereit sind, auf einen gewissen Verdienst zu verzichten. Die erwähnten Schwierigkeiten sind nach meiner Erfahrung keineswegs unüberwindbar. Sie müssen aber sorgfältig beachtet und möglichst bald zum Gegenstand des therapeutischen Gesprächs gemacht werden.

Selbst wenn das finanzielle Problem vielleicht einmal zu aller Zufriedenheit gelöst würde, so bleibt doch eine andere, bereits erwähnte Schwierigkeit (zumindest noch auf längere Zeit hin) bestehen: Die relativ geringe Zahl von Therapeuten und, daraus resultierend, eine nur begrenzte Zahl von Behandlungsplätzen. Dies ist eine Realität, die der Therapeut (und auch der Patient) sehen muß und die die Entscheidungen des Behandelnden oft maßgeblich beeinflußt. Er mag nach einem ersten Gespräch mit einem Patienten noch so sehr davon überzeugt sein, daß dieser dringend eine Therapie braucht - wenn er selber für längere Zeit alle verfügbaren Therapieplätze vergeben hat, bleibt ihm nichts anderes übrig, als dem Patienten eine längere Wartezeit zuzumuten oder ihn an Kollegen oder Institutionen zu verweisen. Ich habe bereits erwähnt, daß manche Patienten dann nicht mehr den Mut und die Kraft haben, diesen Möglichkeiten weiter nachzugehen.

Auch die Entscheidung darüber, welche Behandlungsform indiziert sei, muß der Therapeut oft von seinen zeitlichen Möglichkeiten abhängig machen. So erleben wir beispielsweise in der Psychiatrischen Universitätspoliklinik Basel immer wieder die Situation, daß bei Patientenvorstellungen alle anwesenden Ärzte und Psychologen zwar einhellig der Ansicht sind, ein bestimmter Patient bedürfe dringend einer psychoanalytischen Langzeitbehandlung und sei auch dafür geeignet. Aus personellen und zeitlichen Gründen müssen wir aber anerkennen, daß wir ihm diese - uns optimal erscheinende - Behandlung nicht anbieten können. Da es oft auch nicht gelingt, für solche Patienten bei Psychotherapeuten, die in einer eigenen Praxis arbeiten, einen Platz zu finden, müssen wir in solchen Fällen etwa eine Fokaltherapie durchführen, in der Hoffnung, daß mit dieser Behandlung wenigstens die dringendsten Probleme einer gewissen Lösung zugeführt werden können. Damit haben wir das uns Mögliche getan. Es bleibt aber letztlich doch das - nicht lösbare - ethische Problem bestehen, daß wir im Wissen um eine uns optimal erscheinende Therapie einem Patienten eine Behandlung anbieten mußten, von der wir selbst eine weniger effiziente Hilfe erwarten.

Die hier am Beispiel einer poliklinischen Institution beschriebene Situation findet sich in gleicher Weise auch bei dem in der eigenen Praxis arbeitenden Therapeuten. Wir stehen im Spannungsfeld zwischen zwei Realitäten: Auf der einen Seite die Not unserer Patienten und unsere Überlegungen, auf welche Weise wir ihnen am wirksamsten Hilfe leisten könnten, und auf der anderen Seite unsere zeitlichen Grenzen, die wir beim besten Willen nicht überschreiten können. Angesichts dieser Situation wäre es absurd, einem Therapeuten, der einen Patienten abweisen muß oder sich für eine kürzere Behandlungsmethode entschließt, auch nur den geringsten Vorwurf zu machen. Der ethischen Verantwortung dem betreffenden Patienten gegenüber können wir uns mit dieser logischen Argumentation aber nicht entziehen. Welche Entscheidung wir auch immer treffen - wir müssen letztlich die Verantwortung dafür übernehmen.

Bei der Reflexion unseres therapeutischen Handelns erscheint es mir schließlich von großer Bedeutung, daß wir uns trotz unseres Engagements und trozt aller berechtigten Versuche, dem Patienten eine möglichst effiziente Hilfe zu leisten, stets der Grenzen bewußt bleiben, die dem Patienten und uns gesteckt sind. Es mag oft hilfreich sein, daß wenigstens der Therapeut eine gewisse Zuversicht im Hinblick auf die Entwicklungsmöglichkeiten des Patienten hegt, der vielleicht selbst angesichts seiner Probleme kapituliert und resigniert. Ein solcher therapeutischer Optimismus darf aber nie dazu führen, daß Patient und Therapeut als Ziel ihrer Zusammenarbeit nur "die perfekte Heilung" gelten lassen. Es besteht heute, bei den vielen neuen Behandlungsmethoden, die wir besitzen, mehr denn je die Gefahr, daß wir der Fiktion verfallen, alle Probleme seien lösbar, man könne "alles therapieren". Angesichts dieser Situation erscheint es mir um so wichtiger, daß wir eine therapeutische Haltung einnehmen, die ihr Ziel nicht nur in einer "Heilung" sieht, sondern bescheiden die Grenzen anerkennt, die uns gesetzt sind. Es ist die Haltung, die ein so erfahrener und langjährig tätiger Psychiater wir MANFRED BLEULER vor kurzem mit den Worten umschrieben hat: "Es ist unrealistisch, alle Not und alles Leid, mit denen wir zu tun haben, der einen oder anderen Krankheit zuzuschreiben, die wir zu heilen hätten. Gar oft haben wir schlichtere Aufgaben: Einem, der leidet, eine zeitlang nahe zu sein und ihn, wo wir es vermögen, etwas zu stützen ... Wir möchten ihn bescheiden ein Stück weit auf seinem Schicksalsweg begleiten, solange ihm unsere Nähe gut tut, und wir können bestrebt sein, ihm da und dort ein wenig zu raten und zu helfen, und zwar in der persönlichen Art, die nur dem Einzelnen angepaßt ist" (1980).

4. *Der Psychologe im Spannungsfeld zwischen seinem Klienten und dessen Beziehungspersonen*

Für den therapeutisch arbeitenden Psychologen können sich konflikthafte, ihn mitunter sehr belastende Situationen auch aus dem Umgang mit Angehörigen seines Patienten bzw. bei der Frage nach der Einbeziehung dieser Drittpersonen in die Behandlung ergeben. Der Therapeut mag zwar einer persönlichen Entscheidung ausweichen wollen, indem er sich auf eine bestimmte psychotherapeutische Schulmeinung (z.B. "niemals Kontakte mit Drittpersonen" oder "stets Einbeziehung des ganzen Familiensystems") zurückzieht. Es liegt aber auf der Hand, daß eine solche Haltung letztlich keine Lösung darstellt und auch von der betreffenden "Schule" zumeist nicht als allgemein verbindliche, in jedem Falle anwendbare Regel gemeint ist. Ob es der Therapeut wahrhaben möchte (und sich darüber Rechenschaft ablegt) oder nicht: In jedem Falle muß er in einer solchen Situation eine ganz persönliche Entscheidung treffen, deren Konsequenzen für seinen Patienten und für Drittpersonen er trotz allen theoretischen Wissens und trotz langjähriger therapeutischer Erfahrungen bestenfalls ahnen, nie aber voll ermessen kann.

Ein Beispiel möge die hier gemeinte Situation veranschaulichen: Ein 40jähriger Patient, der in einer engen symbiotischen Beziehung mit seinen betagten Eltern lebte und seit der Schulzeit keinerlei Kontakte zu Menschen außerhalb des Elternhauses unterhalten hatte, gab in der Therapie immer wieder zu erkennen, wie vereinsamt er sei und wie unfähig er sich fühle, mit anderen Menschen, so auch mit mir als seinem Therapeuten, Kontakt aufzunehmen. Nach seiner Schilderung hatten die Eltern von jeher in alles, was der Patient zu tun versucht hatte, sofort eingegriffen und hatten beim Patienten ein bis ins Paranoide gehendes Mißtrauen gegen jeden Menschen, der nicht zur Gruppe Mutter-Vater-Sohn gehörte, gefördert. In unseren therapeutischen Gesprächen erlebte nun dieser Mann, der unter einer schweren Borderline-Persönlichkeitsstörung litt, zunehmend, neben seiner Angst vor jeglichem Kontakt zu einer Person außerhalb des Elternhauses, seine ungeheuren Zuwendungswünsche. Wiederholt bezeichnete er sich selbst sogar als "kontaktsüchtig".

Die sich in kleinen Schritten anbahnende Lösung des Patienten aus der symbiotischen Verschmelzung mit den Eltern hatte für das Familiensystem aber zur Folge, daß das bisherige intrafamiliäre Gleichgewicht empfindlich gestört wurde. Während der Patient langsam an Selbständigkeit gewann und z.T. schmerzlich erlebte, daß er jahrzehntelang auf Autonomie verzichtet und die Rolle eines "Sündenbockes" übernommen hatte, resultierte aus dieser für den Patienten heilsamen Veränderung für die Eltern eine erhebliche Belastung. Aus den Angaben des Patienten war zu entnehmen, daß sie sich in ironischer Weise über seine Therapie äußerten und mit double-bind-Signalen den Sohn gelegentlich in große Verwirrung brachten (z.B. ihren Wunsch, der Sohn solle unter keinen Umständen zum Therapeuten gehen, averbal signalisierten, verbal aber gleichzeitig - in sarkastischen Worten - zum Ausdruck brachten, der Patient solle doch schnell zum Therapeuten laufen und sich "dort wieder ausheulen").

In dieser Situation schrieb die Mutter des Patienten einen Brief an mich, in dem sie mich inständig bat, alles für den Sohn zu tun, was in meiner Macht stehe. Einerseits betonte sie, wie krank der Patient sei und wie sich ihrer Ansicht nach "die Situation mit unserem Sohn stark zuspitzt". Andererseits äußerte sie sich empört über das äußere Erscheinungsbild des Patienten (der z.T. recht extravagant gekleidet war) und gab ihrer Befürchtung Ausdruck, sie und ihr Mann könnten "zum Gespött" der Umgebung werden. Sie fuhr fort: "Wir sind im Alter von 74 und 79 Jahren, und wenn es so weitergeht, sehen wir uns genötigt, unser Häuschen, in dem wir glaubten, einen friedlichen Lebensabend verbringen zu können, zu verkaufen. Es bliebe uns dann nur noch das Altersheim. Wir haben unserem Sohn schon angedeutet, daß es noch so weit kommen werde. Er weint dann und sagt, daß wir ihn nicht mehr lieb hätten. Er ist ein kranker und bedauernswerter Mensch, dem unbedingt geholfen werden sollte." Die Mutter hob ausdrücklich hervor, daß der Sohn bisher jegliche Behandlung verweigert habe, jetzt aber zu mir großes Vertrauen gewonnen habe. "Dies sollten wir auf keinen Fall zerstören." Sie bat mich um einen Termin für ein Gespräch und schloß den Brief mit dem Hinweis, der Patient dürfe unter keinen Umständen erfahren, daß sie an mich geschrieben habe. "... mit Rücksicht auf seinen krankhaften Zustand bitte ich Sie um Diskretion. Eine Indiskretion könnte verheerende Folgen auf seinen Zustand haben."

Diese Bitte der Mutter brachte mich insofern in eine sehr schwierige Lage, als ich zu Beginn der Behandlung dem Patienten angesichts seiner komplizierten familiären Situation und im Hinblick auf seine Schwierigkeit, zwischen sich und ihm nahestehenden Personen zu differenzieren, zugesichert hatte, daß ich keinen Kontakt zu Drittpersonen aufnehmen würde, ohne dies vorher ausführlich mit ihm besprochen zu haben. An diese Abmachung fühlte ich mich unter allen Umständen gebunden. Zugleich aber artikulierte sich in der Warnung der Mutter, dem Patienten nichts von ihrem Brief zu sagen, nicht nur die Tendenz der Eltern, in jede außerfamiliäre Beziehung des Patienten einzugreifen. Mir war vielmehr durchaus klar, daß ihn ein offenes Gespräch über den Brief tatsächlich in eine schwere Krise stürzen könnte. Zu welchem Vorgehen ich mich auch immer entschloß -

in jedem Falle war ein nicht unerhebliches Risiko in Kauf zu nehmen. Die Berufung auf eine Abmachung und auf das Prinzip völliger Offenheit mag zwar in Situationen wie der geschilderten legitim (und therapeutisch sinnvoll) sein, bedeutet aber noch nicht, daß dieses Verhalten ethisch gerechtfertigt und zum Nutzen des Patienten wäre. Es könnte im Gegenteil eine Grausamkeit dem Betreffenden gegenüber sein, eine Grausamkeit, die im Namen der "Wahrhaftigkeit" begangen würde.

In der geschilderten Situation entschloß ich mich, das Risiko und die Verantwortung auf mich zu nehmen und, entgegen dem Wunsch der Mutter, mit dem Patienten über den Brief zu sprechen. Ich teilte ihm auch mit, daß ich zwar die Not und Beunruhigung der Eltern, die nun angesichts seiner Ablösung mit einer ihnen völlig fremden Situation konfrontiert seien, verstünde, daß ich aber dem Patienten gerne in der Therapie einen Raum gewähren möchte, der nur ihm gehöre und in den niemand anders eindringen dürfe. Insofern sei ich eigentlich wenig geneigt, die Eltern zu empfangen, es sei denn, der Patient lege großen Wert darauf. In diesem Falle würde ich ein solches Gespräch allerdings gerne in Anwesenheit des Patienten führen. Tatsächlich war der Patient - wie die Mutter angedeutet hatte - sehr betroffen und verzweifelt: Nun sei es mit unserer Beziehung genauso wie mit allen seinen früheren Versuchen, Kontakt zu Menschen außerhalb des familiären Bereichs aufzunehmen. Immer hätten die Eltern eingegriffen, und stets hätten sie damit alles zerstört. Er wolle unter keinen Umständen, daß die Eltern zu mir kämen (wie sich im weiteren herausstellte, befürchtete er, sie könnten ihn bei mir "schlecht machen"). Allein durch die Tatsache, daß die Mutter sich an mich gewendet habe und zu mir habe kommen wollen, habe unsere Beziehung gelitten. Es sei wie mit einem kostbaren Möbelstück, das einen Kratzer erhalten habe. Der Patient war zutiefst beunruhigt, weinte und sagte, er fühle sich angesichts dieser Eingriffe völlig hilflos und verzweifelt. Zugleich betonte er aber auch, daß er mein Vorgehen für richtig halte. Es sei das erste Mal in seinem Leben, daß jemand ihm gegenüber absolut offen sei. Er fühle sich durch die augenblickliche Situation zwar ungeheuer verwirrt, wisse aber zugleich, daß er, falls ich ihm den Brief verschwiegen und er je davon Kenntnis erhalten hätte, jegliches Vertrauen in mich verloren und den Kontakt zu mir sofort abgebrochen hätte.

Die Reaktion des Patienten auf dieses Gespräch und der Fortgang der Therapie gaben meiner Überlegung recht, daß es in diesem Falle notwendig war, mit dem Patienten offen die Situation zu besprechen und die darin liegende Gefahr einer Dekompensation des Patienten oder seiner Eltern in Kauf zu nehmen. Dennoch birgt eine solche Entscheidung - trotz sorgfältiger Reflexion der psychodynamischen Hintergründe und der möglichen Konsequenzen - stets ein Risiko in sich.

Es gibt keine allgemein verbindliche Regel für das Vorgehen in einer solchen Situation. Der nach einem individuell-psychoanalytischen Konzept arbeitende Therapeut etwa kann zur Begründung für seine Entscheidung, die Behandlung ausschließlich auf den Patienten beschränken zu wollen, ebenso stichhaltige Argumente anführen wie der sich auf ein systemtheoretisches Modell berufende Familientherapeut, der vermutlich von Anfang an die gesamte Familie in die Therapie einbezogen hätte.

Ob sich der Therapeut dessen bewußt ist oder nicht: Auf ihm lastet eine große Verantwortung, die er auf sich zu nehmen bereit sein muß, und der er sich nicht dadurch entziehen kann, daß er sich auf behandlungs"technische" Richtlinien beruft. Es bleibt stets eine ganz persönliche Entscheidung, die er zu treffen und zu verantworten hat. Was im einen Fall, wie bei dem geschilderten Patienten, eine für den Betreffenden zwar bittere, aber heilsame Erfahrung ist, kann im anderen Falle eine Grausamkeit sein, die - wie es die Mutter meines Patienten formuliert hatte - "verheerende Folgen" haben kann.

Den Therapeuten außerordentlich belastende Situationen können sich auch in der Behandlung depressiver Persönlichkeiten mit suizidalen Tendenzen ergeben. Hier gilt es nicht nur, das Wohl des Patienten im Auge zu behalten und ihn vor seiner Selbstdestruktivität zu schützen, sondern oft stehen mehr oder weniger unmittelbar auch Angehörige in Gefahr. In diesen Situationen gibt es letztlich keine allgemein verbindlichen Richtlinien darüber, welches das therapeutisch richtige und ethisch zu verantwortende Verhalten wäre. Es ist oft - selbst in einer laufenden Therapie - schwierig abzuschätzen, wie ernsthaft die Gefahr eines individuellen oder gar eines erweiterten (d.h. die Angehörigen einbeziehenden) Suizids ist.

Wäre es eine Lösung, beim Auftauchen der geringsten diesbezüglichen Signale den Patienten sofort in eine Klinik einzuweisen? Welche Auswirkungen hätte ein solches Verhalten des Therapeuten auf die weitere Behandlung und auf seine Beziehung zum Patienten? Würde der Patient vielleicht vor seiner (Selbst-)Destruktivität erschrecken und mit Panik reagieren, wenn er die Angst des Therapeuten so groß werden sähe, daß dieser ihn in eine Klinik einwiese? Oder würde ein solcher Patient seine destruktiven Impulse erst wirklich ernst nehmen, wenn er erlebte, daß auch der Therapeut den augenblicklichen Zustand als so bedrohlich empfindet, daß er die Einweisung in eine Klinik für unumgänglich hält? Es sind dies Fragen und Probleme, mit denen sich der Therapeut in solchen Situationen konfrontiert sieht und auf die er in der einen oder anderen Weise reagieren muß. Selbst wenn er in einer Institution arbeitet (sein Vorgehen also eventuell mit Kollegen besprechen kann und bei Komplikationen formal durch die Klinikleitung gedeckt ist), bleibt es doch stets eine sehr persönliche Entscheidung, die er zu treffen hat und vor dem Patienten, dessen Angehörigen und sich selbst verantworten muß.

Die Vorstellung des Nicht-Fachmannes oder des noch wenig Erfahrenen, es gebe für alle solche Entscheidungen mehr oder weniger verbindliche Richtlinien, erweist sich als trügerische Hoffnung. Der Entscheidungsspielraum ist oft wesentlich weiter, als Patient und Therapeut zunächst vielleicht glauben. Damit wächst einerseits die "Macht" des Therapeuten, zugleich aber auch die Last und Verantwortung, die er zu tragen bereit sein muß - etwa angesichts der Frage, wieviel Leiden er seinem Patienten und dessen Beziehungspersonen durch die Behandlung zumuten darf.

Ist es beispielsweise ethisch vertretbar, die Mutter eines kleineren Kindes in der Therapie Belastungen auszusetzen, die unter Umständen auch negative Auswirkungen auf das betreffende Kind haben können? Mitunter stellen Patienten selber diese - nach meiner Ansicht sehr ernst zu nehmende und berechtigte - Frage. Der Therapeut machte es sich zu einfach und täuschte sich über die Tragweite des mit dieser Frage aufgeworfenen Problems hinweg, wenn er solche Äußerungen allein auf (sich eventuell darin auch) artikulierende Widerstände des Patienten gegen die Bearbeitung bestimmter Konfliktbereiche reduzieren wollte. Immer wieder muß sich der Therapeut ernsthaft die Frage vorlegen und eine Entscheidung darüber treffen, ob das augenblickliche Leiden seines Patienten (und dessen Angehörigen) unbedingt notwendig ist und ertragen werden muß angesichts eines sich vielleicht abzeichnenden Fortschrittes in der Persönlichkeitsentwicklung des Patienten. Zugleich gilt es abzuwägen, ob dieser Preis in einem vertretbaren Verhältnis zum angestrebten Ziel steht.

Dies sind keine theoretischen Probleme. Es ist keine oberflächliche Kosten-Nutzen-Analyse. Und es ist auch nicht in erster Linie die - indes auch reflexionswürdige - Frage an den Therapeuten, welchen Stellenwert er aufgrund seines Menschenbildes dem Leiden einräumt. In solchen therapeutischen Grenzsituationen ist oft "die" richtige Entscheidung unmöglich. Patient und Therapeut müssen vielmehr miteinander das Wagnis eingehen, einen Weg zu beschreiten, dessen Ziel weitgehend im Dunkel liegt. Wie schwierig ein solcher Weg sein kann, möge das folgende Beispiel zeigen.

Im Verlaufe einer mehrjährigen psychoanalytischen Behandlung kam es bei einer Patientin mit einer schweren depressiven Neurose einige Male zu Phasen tiefster Verzweiflung. In diesen Krisensituationen sah die Kranke keinen Sinn mehr in ihrem Leben, beschäftigte sich oft mit der Frage nach einem Suizid (wobei sie z.T. sehr konkrete Überlegungen anstellte, wie sie ihn ausführen könne) und legte sich in diesem Zusammenhang auch die Frage vor, ob sie im Falle eines Suizids nicht vorher ihr Kind töten solle, das schon so viel unter ihr gelitten habe und das sie nun nicht noch durch ihren Tod zusätzlich traumatisieren wolle. Diese und ähnliche Überlegungen, mit denen sich die Patientin wiederholt in Therapiestunden beschäftigte, waren, wie aus ihren Schilderungen hervorging, keine leeren Drohungen, sondern entsprachen tatsächlich bestehenden destruktiven Impulsen, deren sich die Patientin nur mit Mühe erwehren konnte. Es war in diesem Falle nicht nur die Patientin, die angesichts dieser Impulse erschrak, sondern auch für mich stellten solche Krisensituationen eine große Belastung dar.

Mehrmals mußte ich mir die Frage stellen, ob nicht die Weiterführung einer ambulanten Therapie ein zu großes Risiko bedeute, und ob nicht die Einweisung in eine Klinik indiziert sei. Durch ein solches Vorgehen wäre jedoch der therapeutische Prozeß unterbrochen worden und die zugrundeliegenden Probleme, deren Bearbeitung ja zur Suizidalität geführt hatten, wären in keiner Weise gelöst gewesen, sondern wären unter Umständen noch verstärkt worden. Hätte man, so mußte ich mich auch fragen, im Hinblick darauf, daß die Patientin Mutter eines kleineren Kindes war, vielleicht gar keine Behandlung beginnen dürfen? War es nicht schon fahrlässig gewesen, einer solchen Frau eine Therapie zu empfehlen, im Wissen darum, daß sie damit Belastungen ausgesetzt wäre, die zweifellos Auswirkungen auf ihre Umgebung, speziell ihr Kind, haben würden? Diese Fragen mußte übrigens nicht nur ich mir stellen, sondern auch die Patientin selbst legte sie sich und mir vor.

Ich entschloß mich in diesem Falle, die Therapie ambulant fortzusetzen, und es gelang glücklicherweise, die Behandlung erfolgreich abzuschließen. Rückblickend bin ich der Ansicht, daß es richtig war, vor der die Patientin und ihre Umgebung bedrohenden Destruktivität nicht zurückgewichen zu sein, sondern sich ihr in der Therapie gestellt und sie zusammen mit der Patientin ertragen zu haben. Auch die Patientin selbst, von ihrer schweren Neurose geheilt, äußerte sich gegen Ende der Behandlung in diesem Sinne. Im Augenblick der Krise jedoch war eine Entscheidung meinerseits notwendig, deren Folgen ich nicht in vollem Umfang abschätzen konnte und für die ich dennoch die Verantwortung übernehmen mußte.

Der Verlauf der weiteren Therapie mag meiner Entscheidung, die Behandlung ambulant weiterzuführen, recht gegeben haben. Bestehen bleibt aber, trotz des erfolgreichen Abschlusses, die Frage, welche Auswirkungen die Therapie auf das Kind dieser Frau gehabt hat. Gewiß kann man argumentieren (und die Patientin selber vertrat am Ende der Behandlung diesen Standpunkt), ohne eine intensive Therapie hätte sie ihrem Kind noch viel weniger gerecht werden können. Insofern sei die vorübergehende schwere Belastung für die ganze Familie (auch der Ehemann war selbstverständlich mitbetroffen) ein zwar hoher, aber letztlich doch sinnvoller und vertretbarer Preis.

So zwingend eine solche Argumentation auch sein mag, so bleibt doch ein Rest von - wohl berechtigter - Unsicherheit angesichts der Frage, ob man einer Patientin wie der hier geschilderten eine solche Behandlung empfehlen durfte und ob dieses Vorgehen im Falle eines unglücklichen Ausganges zu rechtfertigen gewesen wäre.

Ganz ähnliche Probleme stellen sich häufig in der Behandlung von Kindern und Jugendlichen. Die therapeutische Bearbeitung der kindlichen Verhaltensstörungen bedeutet für das betreffende Kind selbst und die Familie, in der es lebt, nicht nur eine Entlastung. Vielmehr kann sich durch die Behebung der individuellen Problematik die Konflikthaftigkeit des Familiensystems als Ganzes erheblich verschärfen und unter Umständen eine Dekompensation der Eltern oder der Geschwister oder beider zur Folge haben. Aus diesem Grunde plädieren verschiedene Familientherapeuten (z.B. BOSZORMENYI-NAGY et al., 1975; MINUCHIN, 1981; SELVINI PALAZZOLI, 1977; STIERLIN, 1975) dafür, möglichst alle Mitglieder des Familienverbandes in die Behandlung einzubeziehen. So sinnvoll und fruchtbar dies oft auch sein mag, so liegt in einem solchen Vorgehen doch nicht die Lösung aller Probleme, und es enthebt den Therapeuten vor allem nicht der Verantwortung für das, was er durch die Behandlung in der Interaktion zwischen den Familienmitgliedern auslöst.

Auch die Behandlung dissozialer Persönlichkeiten führt uns als Therapeuten oft in eine unsere ganz persönliche Stellungnahme herausfordernde Situation. Schon bei der Entscheidung darüber, ob eine ambulante Behandlung indiziert ist, oder ob - aufgrund einer Gefährdung des Patienten selbst, seiner Umgebung oder beider - eine Therapie in einem institutionellen Rahmen empfohlen werden muß, übernehmen wir eine große Verantwortung dem Patienten und der Gesellschaft gegenüber. Man muß nicht einmal an eine Gefährdung von Leib und Leben denken. Allein schon die Tatsache, daß durch die Verübung weiterer Delikte die unheilvolle dissoziale Entwicklung des betreffenden Menschen immer mehr verfestigt wird, kann uns beunruhigt sein lassen angesichts der Gefahr, daß derartige Aktivitäten bei einer ambulanten Behandlung nicht mit Sicherheit verhindert werden können.

Sollte man deshalb prinzipiell die ambulante Therapie solcher Menschen ablehnen? Aufgrund meiner eigenen Erfahrungen (RAUCHFLEISCH, 1981, 1982) und aufgrund der Berichte einer Reihe anderer Autoren kann ich diese Frage nicht bejahen. Ich bin vielmehr der Ansicht, daß eine ambulante Psychotherapie vielen Dissozialen Hilfe bieten kann. Wir müssen aber angesichts der großen Unsicherheit darüber, wie sich der Patient im Verlaufe der Behandlung entwickeln wird, vor Beginn jeder Therapie die Entscheidung pro oder kontra ambulante Behandlung wagen und damit ein Stück Verantwortung übernehmen.

Gerade dissoziale Patienten konfrontieren den Therapeuten aufgrund der häufig bei ihnen bestehenden Borderline-Störung mit der dafür typischen geringen Impulskontrolle und der erhöhten narzißtischen Kränkbarkeit immer wieder mit Krisensituationen, in denen er sich fragen muß, ob er es verantworten kann, die Behandlung in ambulanter Form weiterzuführen, bzw. ob er nicht zum Schutze einer Beziehungsperson des Patienten und seiner selbst unbedingt eingreifen (z.B. eine Hospitalisierung veranlassen) muß.

Eine solche schwierige Situation erlebte ich mit einem jungen dissozialen Patienten, der aufgrund seiner schweren narzißtischen Kränkbarkeit und seiner extremen Abhängigkeit von Bestätigung durch die Umwelt für seine Partnerin eine große Belastung darstellte. In einer früheren Beziehung war es bei ihm anläßlich einer - äußerlich gesehen - geringfügigen Kränkung durch die damalige Freundin bereits zu einem Ausbruch chaotischer Wut gekommen, und er hatte die Freundin bis zu Bewußtlosigkeit gewürgt. Später war er über diesen Impulsdurchbruch zwar selbst zutiefst erschrocken, wußte aber zugleich um die Gefahr, daß er in einer ähnlichen Situation wieder in gleicher Weise reagieren könnte. Auch in der neuen Partnerschaft kam es wiederholt zu impulsiven Reaktionen seitens des Patienten, wenn er von der Freundin nur die geringste Zurückweisung oder Infragestellung erfuhr.

In solchen Krisensituationen mußte ich mich ernsthaft fragen, ob es verantwortbar sei, die Behandlung in ambulanter Form weiterzuführen, vor allem angesichts der Tatsache, daß die jetzige Freundin des Patienten noch recht jung, wenig selbständig und offensichtlich nicht in der Lage war, sich vor den Impulsdurchbrüchen ihres Partners zu schützen. Selbstverständlich stellte sein Verhalten ein zentrales Thema unserer therapeutischen Gespräche dar. Im Hinblick auf die Gefährlichkeit seiner Aggressionsdurchbrüche und die Aussicht, daß sich diese Reaktionsform nur langsam in der Therapie ändern könne, stand aber in entsprechenden Situationen immer wieder die Frage im Raum, ob die Therapie ausreiche und ob die Partnerin sowie andere Beziehungspersonen nicht auf andere Weise vor dem Patienten geschützt werden müßten (z.B. durch seine Einweisung in eine Klinik). Welche destruktive Dynamik bei Persönlichkeiten mit solchen frustrierten symbiotischen Verschmelzungswünschen und mit so großer narzißtischer Kränkbarkeit wie beim beschriebenen Patienten wirksam ist, haben mit eindrucksvollen Beispielen auch BATTEGAY (1981) und MENDE (1967) belegt.

5. Verantwortung gegenüber dem Klienten oder Loyalität gegenüber dem Auftraggeber?

Obwohl diese Frage in den ethischen Richtlinien der Deutschen und Schweizer Psychologenvereinigungen eindeutig zugunsten des Klienten entschieden ist, können entsprechende Konfliktsituationen mitunter doch sehr belastend für den Psychologen sein. Gewiß ist es, wie die ethischen Richtlinien betonen, wichtig, daß sich der Psychologe vor der Aufnahme der Beziehung zu einem Klienten entscheidet, "welche Haltung er einzunehmen gedenkt, falls er in Interessenkonflikte geraten sollte" (Deutsche Richtlinien). Ferner wird er - wie es die Richtlinien ebenfalls nahelegen - von vornherein alle Beteiligten über diese Haltung informieren, etwa im Sinne des § 3.2. der Schweizer Richtlinien:

> "Bevor der Psychologe eine Dienstleistung im Auftrag eines Dritten übernimmt, läßt er den Auftraggeber seine Stellung, sein Verhältnis zum und seine Verantwortung gegenüber dem Klienten klarlegen. Umgekehrt erklärt der Psychologe dem Auftraggeber seine Funktion und seine Rolle gegenüber dem Klienten sowie die Art und die Grenzen seiner Handlungsmöglichkeiten. Im Falle eines Konflikts zwischen dem Psychologen und Drittpersonen, namentlich einem Auftraggeber, wahrt der Psychologe in erster Linie die Interessen seines Klienten."

Selbst bei strikter Einhaltung dieser Grundsätze wird es der Psychologe aber nicht vermeiden können, daß er mitunter doch in Loyalitätskonflikte gerät.

Denken wir etwa an den im Strafvollzug therapeutisch tätigen Psychologen. Es mag ihm zwar gelingen, viele Konflikte zu vermeiden, indem er, zusammen mit der Anstaltsleitung, die Kompetenzen eindeutig definiert und sie auch dem Klienten gegenüber transparent werden läßt. Dennoch entwickelt sich aus der Interaktion zwischen dem Gefangenen, dem Therapeuten und der Anstaltsleitung oft eine Dynamik, die unter Umständen nur schwer zu handhaben ist.

Besonders schwierig gestaltet sich die Situation dadurch, daß derartige Konflikte zum Teil durch die Art der Strafanstalt als einer "totalen Institution" bedingt werden. Zum Teil sind es aber auch Probleme, die in der Persönlichkeit der dissozialen Klienten ihren Ursprung haben. Schließlich können die Schwierigkeiten auch vom Therapeuten, vor allem von unkontrollierten Gegenübertragungsgefühlen, ausgehen. Diese Probleme sind in den vergangenen Jahren verschiedentlich im Zusammenhang mit dem Einsatz von Psychologen in den sogenannten sozialtherapeutischen Anstalten diskutiert worden (s. EGG, 1979;

FENN et al., 1978; HUSTINX, 1976; KURY et al., 1977, 1978; MAUCH et al., 1971; RASCH, 1976; REHN, 1976; SAGEBIEL, 1973; STELLER, 1978). Auf die organisatorischen und therapeutischen Fragen, die sich bei einer solchen Tätigkeit stellen, möchte ich hier jedoch nicht eingehen. Es erscheint mir vielmehr wichtig, daß wir uns Rechenschaft über die ethischen Konflikte ablegen, die sich dabei ergeben können.

Es ist nämlich nicht immer einfach, gemäß der eingangs zitierten Maxime zu handeln, im Konfliktfalle die Interessen des Klienten zu wahren. Erfährt ein Therapeut beispielsweise in der Behandlung von einem Inhaftierten, daß gegen eine bestimmte Aufsichtsperson Intrigen gesponnen werden, oder daß der Betreffende von Gefangenen erpreßt wird, so befindet sich der Psychologe in einer schwierigen Situation: Einerseits unterliegt er einer strikten Schweigepflicht alle Informationen betreffend, die ihm ein Klient in der Therapie mitteilt (abgesehen von Extremsituationen, wo Gefahr für Leib und Leben Dritter besteht); andererseits aber sieht er, wie ein vielleicht noch wenig erfahrener Betreuer in eine für ihn selbst und die ihm anvertrauten Gefangenen prekäre (unter Umständen sogar gefährliche) Situation gerät. Es ist dann eine sehr subjektive, ethisch schwierige Entscheidung, die der Therapeut in einem solchen Falle treffen muß - vor allem wenn der Klient ihn, z.B. aus Angst vor Mitgefangenen, inständig bittet, diese Information unter keinen Umständen weiterzugeben. Es mag sein, daß der Therapeut im Einzelfall einen Ausweg aus diesem Dilemma findet, beispielsweise indem er etwas unternimmt, ohne den Informanten zu nennen. Das prinzipielle Problem aber bleibt bestehen: Er muß seine Entscheidung vor dem Klienten und sich selbst - und, wie im erwähnten Beispiel, auch gegenüber Drittpersonen - verantworten.

Noch schwieriger kann die Situation sein, wenn beispielsweise von der Anstaltsleitung gegen den Psychologen Vorwürfe erhoben werden, gegen die sich dieser nur unter Preisgabe seiner Schweigepflicht verteidigen kann. Es bestehen in solchen Situationen sicher graduelle Unterschiede, je nachdem ob es Bagatellen sind, oder ob ihm Illoyalität oder gar eine strafbare Handlung angelastet wird. Die Entscheidung des Therapeuten aber, entweder zu schweigen oder seine in der Behandlung gewonnenen Informationen zu verwenden und zu sprechen, ist immer eine sehr persönliche, ihn in eine ethische Grenzsituation führende.

Eine andere Schwierigkeit bei der psychologischen Tätigkeit im Strafvollzug liegt in der Frage, ob es verantwortbar und wirklich immer zum Besten des Klienten ist, wenn der Therapeut alles, was er in der Behandlung erfährt, für sich behält und die Weitergabe von Information - z.B. an die Anstaltsleitung oder eine Behörde - strikt verweigert. Ich denke in diesem Zusammenhang nicht in erster Linie an Situationen wie die eben erwähnte, in der Drittpersonen geschädigt werden. Der Therapeut kann vielmehr in eine schwierige Lage kommen, wenn er beispielsweise von der Vollzugsbehörde gebeten (unter Umständen vielleicht sogar gedrängt) wird, eine Stellungnahme zum Entlassungswunsch eines Gefangenen abzugeben. Es mag aus prinzipiellen therapeutischen Erwägungen heraus indiziert sein, von vornherein Entscheidungen dieser Art abzulehnen. Aber eine solche konsequente - und aus behandlungstechnischen Gründen auch durchaus vertretbare - Haltung stellt in einem ethischen Sinne keine wirkliche Lösung dar. Wie sich der Therapeut auch immer entscheiden mag: Er steht in einem ethischen Dilemma, wenn er zwei so konträre Rollen wie die des Psychotherapeuten und die des über die Entlassung eines Gefangenen Mitbestimmenden übernehmen soll.

Der in einer Strafanstalt arbeitende Psychologe kann unter Umständen prinzipiell die Beteiligung an solchen Entscheidungen ablehnen. Anders jedoch ist es für den Therapeuten der (z.B. nach Artikel 43 des Schweizer Strafgesetzbuches) gerichtlich ausgesprochene ambulante Behandlungen übernimmt. Er ist gehalten, auf Anfrage der Vollzugsbehörde halbjährlich oder jährlich darüber zu berichten, ob die Therapie durchgeführt wird. In den Anfragen des administrativen Dienstes heißt es dann beispielsweise: "Wir ersuchen Sie höflich um Berichtgabe, ob sich Herr/Frau X regelmäßig der vorgeschriebenen Behandlung unterzieht. Sollte sich der Gesundheitszustand des Genannten gebessert haben, so daß sich eine weitere Behandlung erübrigt, bitten wir Sie z.Hd. des Gerichts um ein entsprechendes Zeugnis. Die Maßnahme könnte dann durch diese Behörde aufgehoben werden." Es steht dem Therapeuten zwar frei, wie weit er auf Details aus der Behandlung eingeht. Er ist aber gezwungen, jeweils eine Stellungnahme abzugeben, die er vor dem Patienten, dem Gericht (d.h. im Grunde vor der Gesellschaft) und vor sich selbst verantworten muß.

In Loyalitätskonflikte kann auch der Psychologe geraten, der bei der Personalauslese und bei der Durchführung von Prüfungen mitwirkt, denen sich Bewerber für eine spezielle Ausbildung unterziehen müssen. Er steht im Spannungsfeld zwischen verschiedenen Forderungen und Verantwortlichkeiten: Auf der einen Seite ist es der Auftraggeber, dem er sich verpflichtet fühlt. Auf der anderen Seite steht der Klient mit seinen Wünschen, Hoffnungen und Nöten. Und oftmals ist auch noch eine dritte Realität zu berücksichtigen, nämlich die Menschen, die dem betreffenden Kandidaten im Falle einer Befürwortung seiner Aufnahme oder Anstellung später einmal ausgesetzt sein werden.

So ist beispielsweise wiederholt diskutiert worden, ob die Ausbildenden berechtigt - ja vielleicht sogar verpflichtet - seien, bei Kandidaten, die eine psychologische Ausbildung absolvieren wollen, eine obligatorische Testuntersuchung einzuführen, deren Resultate bei der endgültigen Entscheidung über die Zulassung zum Studium oder zur entsprechenden Weiterbildung herangezogen würden. Ich persönlich halte eine solche Untersuchung für einen erheblichen Eingriff in die Freiheit des Einzelnen und angesichts der Schwierigkeit, prognostisch verläßliche Kriterien zu definieren, für sehr fragwürdig. Man könnte jedoch argumentieren, daß an einen Psychologen hohe Anforderungen zu stellen seien und er im Hinblick auf den Einfluß, den er später unter Umständen einmal auf andere Menschen ausüben wird, bereit sein müsse, sich einer derartigen Ausleseuntersuchung zu unterziehen. Die Antwort auf die Frage, welchen Wert man als den höheren veranschlagen sollte, die persönliche Freiheit des Einzelnen oder den Schutz potentieller Klienten, muß der Psychologe, der mit derartigen Untersuchungen betraut wird, selber verantworten. Die Berufung auf einen "Auftrag" reicht nicht als ethische Legitimation aus.

Ähnliches gilt auch für die psychologische Tätigkeit in einem Wirtschafts- und Industriebetrieb. Es wäre eine berufsethisch fragwürdige Haltung, wenn sich der Psychologe lediglich als "Datensammler" verstünde und seine Informationen an "die Zuständigen" weiterleitete, die dann Entscheidungen träfen. Er kann die Verantwortung für sein Tun nicht von sich schieben, indem er sich - im übrigen auch nur scheinbar - dem Entscheidungsprozeß entzieht.

Der Psychologe hat sich, wie es die ethischen Richtlinien betonen, bei Untersuchungen an Klienten im Auftrag einer Drittperson zum einen "vor Beginn der Informationsbeschaffung zu vergewissern, daß dieser Mensch ... sich über die damit verbundene Einschränkung der Verschwiegenheit und ihre Konsequenzen im klaren ist" (Deutsche Richtlinien). Er ist zum anderen verpflichtet, "die Ergebnisse auftragsmäßiger Untersuchungen ... nur in den für den Auftrag relevanten Ausschnitten weiterzugeben und nur in einer Form, die unangemessenes Ausdeuten oder Verwenden der Ergebnisse ausschließt" (Deutsche Richtlinien). Dies alles sind aber nur die Vorbedingungen für eine verantwortungsbewußte psychologische Tätigkeit. Es reicht meiner Ansicht nach nicht aus, daß sich der Psychologe an die zitierten Richtlinien hält, die im Grunde Minimalforderungen darstellen. Er ist letztlich ethisch in einem viel weiteren Ausmaß für das verantwortlich, wozu er durch seine Tätigkeit beiträgt. Es mag sein, daß ihn diese Verantwortung erschreckt und daß er argumentiert, er sei doch nur ein "Rädchen im Getriebe". Oder er mag sich darauf berufen, daß unser Gesellschaftssystem ihm eine solche Rolle aufzwinge. So berechtigt diese Begründung und so unlösbar die Konflikte, die sich daraus ergeben, auch sein mögen, so wenig stichhaltig sind solche Argumente in einem letzten, ethischen Sinne.

In einem berufsethischen Konflikt zwischen Auftraggeber und Klient befinden sich häufig auch Psychologen, die im Bereich der Berufs- und Bildungsberatung arbeiten. Ihnen ist auf der einen Seite die Aufgabe gestellt, durch psychologische Untersuchungen die Begabungs- und Neigungsschwerpunkte ihrer Klienten zu erhellen und in einem Beratungsgespräch die Berufsfindung zu erleichtern. Der Psychologe ist - wenn wir das Problem von diesem Aspekt her betrachten - dem Ratsuchenden verpflichtet und muß dessen Interessen wahren. Auf der anderen Seite aber muß der Berufsberater auch die gesellschaftliche Situation, speziell die Lage auf dem Arbeitsmarkt, berücksichtigen. Dies ist ebenfalls eine Realität, welcher der Psychologe Rechnung tragen muß, wenn er Empfehlungen abgeben will, die eine Aussicht auf Realisierung haben. Er hat also neben der Verpflichtung dem Klienten gegenüber auch eine solche gegenüber der Gesellschaft, die - selbst wenn es meist nicht offen ausgesprochen und nicht reflektiert ist - von ihm erwartet, daß er den Klienten Berufsvorschläge unterbreitet, die den gesellschaftlichen Bedürfnissen mehr oder weniger entsprechen. Es ist offensichtlich, daß sich der Berufsberater bei einer derartigen, in sich selber bereits antinomischen Ausgangssituation oft schwierigen Entscheidungen gegenübersieht, die ihn in ein ihn belastendes ethisches Dilemma führen können. Die Schwierigkeit der psychologischen Tätigkeit in diesem Sektor liegt vor allem auch darin, daß hier Voraussagen getroffen und Entscheidungen gefällt werden müssen, die nicht nur für die unmittelbare Zukunft gelten, sondern die sich auch noch nach zehn, zwanzig und mehr Jahren bewähren sollen.

Man muß sich allerdings fragen, ob es überhaupt sinnvoll und möglich ist, Prognosen abzugeben, die für so lange Zeit Gültigkeit beanspruchen können. Ich habe bereits bei der Diskussion testpsychologischer Fragen (s. Kapitel 2) auf einige diesbezügliche Probleme hingewiesen. Angesichts des heutigen schnellen Wandels der sozialen Bedingungen ist es vielleicht - selbst wenn uns valide Testmethoden zur Verfügung stünden - nicht mehr realistisch, derartige Langzeitprognosen in beruflicher Hinsicht abzugeben. Die Konsequenz aus dieser Einsicht muß indes nicht sein, auf jegliche Testdiagnostik und Beratung zu verzichten. Wir sollen uns vielmehr auf kurzfristigere Empfehlungen beschränken und - falls nötig - den diagnostischen Prozeß in Form der bereits erwähnten sequentiellen Beratung (FUCHS, 1978; TRIEBE, 1973, 1975) verlaufen lassen.

Im Spannungsfeld zwischen einem Klienten und einem Auftraggeber steht der Psychologe auch bei einer gutachterlichen Tätigkeit. Es ist dies ein Arbeitsbereich, bei dem wohl am offenkundigsten ist, welche große Verantwortung auf dem Psychologen lastet. Er muß dem Klienten gerecht werden, darf sich in seinen Entscheidungen nicht von eigenen Gefühlen bestimmen lassen und ist auch der Öffentlichkeit gegenüber für das verantwortlich, was er dem Richter empfiehlt. Bei der gutachterlichen Tätigkeit treten inden auch Probleme auf, die weniger offenkundig sind und sich deshalb der Reflexion eher entziehen. Ich habe bereits erwähnt, daß sich der Gutachter in seinen Entscheidungen nicht von eigenen Gefühlen leiten lassen darf. Dieser Grundsatz erscheint sicher jedem einleuchtend, wenn man davon ausgeht, daß der Gutachter der Persönlichkeit seines Exploranden gerecht werden soll.

In der Praxis ist es jedoch oft schwierig, konsequent eine solche Haltung einzunehmen. Wir müssen nicht einmal an schwerwiegende Verbrechen, wie Kindesmißhandlung oder Mord, denken, die uns auch als Gutachter tief erschüttern und unsere Beziehung zum Exploranden nachhaltig beeinflussen können. Schon die Vorinformationen über die "kriminelle Karriere" des Straffälligen sowie die Art, wie er sich uns präsentiert, wie er sich zu unseren Bemühungen einstellt, wie er sich über frühere Begutachtungen äußert und dergleichen, beeinflussen mitunter, mehr als wir uns selbst zugestehen, unsere emotionale Einstellung ihm gegenüber und damit (ob wir es wollen oder nicht) unter Umständen auch unsere Entscheidungen. Sicher ist es angesichts dieses Problems sehr wichtig und hilfreich für eine sachgerechte Begutachtung, daß wir unsere Gefühle und Reaktionen kritisch reflektieren. Eine völlige Ausschaltung unseres eigenen Erlebens wird aber wohl niemals gelingen - und es fragt sich, ob ein solches Verhalten, das dem einer Maschine gleichkäme, überhaupt erstrebenswert wäre, und ob wir damit einem Klienten wirklich besser gerecht würden.

Ein weiteres Problem, das uns mit der Frage nach den ethischen Grundlagen unserer psychologisch-gutachterlichen Tätigkeit konfrontiert, liegt darin, daß wir zwar besten Wissens und Gewissens meinen, "sachlich" zur Persönlichkeit des zu Begutachtenden Stellung zu nehmen und unsere Empfehlungen abzugeben. Tatsächlich aber können wir die von uns erhobenen anamnestischen und testpsychologischen Daten immer nur vor dem Hintergrund eines bestimmten Persönlichkeitsmodells interpretieren. Nun sind aber die verschiedensten, z.T. erheblich voneinander abweichenden Persönlichkeitstheorien entwickelt worden. Den gleichen Sachverhalt können wir, je nachdem welches Modell wir verwenden, auf ganz verschiedene Art interpretieren. Dementsprechend werden auch unsere Empfehlungen (sowohl was die Zurechnungsfähigkeit als auch was die Maßnahmen anbelangt) unter Umständen erheblich voneinander abweichen. Sehr deutlich zeigten sich diese Probleme im Zusammenhang mit der auch in der psychologischen Literatur geführten Kontroverse um die Begutachtung von JÜRGEN BARTSCH (s. T. MOSER, 1971). Hier kamen die verschiedenen Gutachter unter Verwendung unterschiedlicher Persönlichkeitsmodelle zu weitgehend voneinander abweichenden Stellungnahmen.

Angesichts einer solchen Situation und im Hinblick darauf, daß alle Persönlichkeitstheorien Modellvorstellungen, Konstrukte, sind und keine für sich in Anspruch nehmen kann, die allein "richtige" zu sein, sehen wir uns als psychologische Gutachter einem unlösbaren ethischen Dilemma gegenüber. Wir müssen eine Stellungnahme abgeben und tun dies nach bestem Wissen und unter Berufung auf wissenschaftliche Grundlagen - und doch ist es letztlich eine sehr subjektive Entscheidung, die wir fällen. Es mag ein Trost sein und von uns als Entlastung empfunden werden, daß wir ja nur eine Empfehlung abgeben, die letzte Entscheidung jedoch beim Richter liegt. Indes enthebt uns diese Situation nicht der ethischen Verantwortung, die wir mit der Begutachtung auf uns nehmen. Selbst durch eine Ablehnung des Gutachtenauftrags könnten wir uns der Verantwortung nicht entziehen.

Ein weiteres Problem, dem wir uns bei einer gutachterlichen Tätigkeit gegenübersehen, liegt darin, daß wir, wie es die ethischen Richtlinien mit Recht fordern, die von uns erhobenen Daten dem Auftraggeber, hier dem Gericht, "nur in den für den Auftrag relevanten Ausschnitten weiterzugeben (haben) und nur in einer Form, die unangemessenes Ausdeuten oder Verwenden der Ergebnisse ausschließt" (Deutsche Richtlinien). Gewiß wird jeder Gutachter diesem Grundsatz zustimmen. Indes müssen wir uns darüber klar sein, daß diese Forderung ein Ideal darstellt, das letztlich nicht zu erfüllen ist. Wir können vielleicht, indem wir die Untersuchungsbefunde persönlich vor Gericht vertreten, bis zu einem gewissen Grade verhindern, daß unsere psychologischen Überlegungen vom Richter mißverstanden werden. Ferner können wir uns bemühen, alle für das Gericht unwichtigen Details aus der Lebensgeschichte des Klienten und aus unseren Gesprächen mit ihm in unserem Bericht nicht zu erwähnen. Sogar wenn uns dies gelingen sollte, so bleibt doch die Unmöglichkeit bestehen, jetzt, bei Abfassung des Berichtes, schon abzuschätzen, was in späteren Jahren einmal ein Leser unseres Gutachatens aus diesem entnehmen und zu welchen Zwecken er unsere Argumente verwenden wird.

Wir müssen dabei nicht einmal an politische Extremsituationen wie den Nationalsozialismus und andere totalitäre Systeme denken. Es ist hinreichend bekannt und beispielsweise von der Forschungsrichtung des sogenannten labeling approach (BRUSTEN et al., 1972, 1976; QUENSEL, 1970; SACK, 1974) an eindrücklichen Beispielen nachgewiesen worden, daß diagnostische Etikettierungen sowie Informationen über Herkunft und Lebensgeschichte eines Menschen einen großen Einfluß auf seine Beurteilung durch die Umgebung und auf sein Selbstverständnis ausüben. Schaut man einmal unter diesem Aspekt die Jugendamts- und Gerichtsakten sowie ähnliche Unterlagen durch, die uns über Klienten zur Verfügung gestellt werden, so findet man diesen Befund des labeling approach immer wieder bestätigt. Es ist oft tragisch zu sehen, wie eine einmal als Vermutung formulierte Aktennotiz (z.B. über eine vermeintliche Minderbegabung des Klienten oder über bestimmte Charakterzüge seiner Beziehungspersonen) in späteren Berichten plötzlich als "Tatsache" auftaucht, die nicht mehr in Zweifel gezogen und deshalb auch nicht mehr überprüft wird.

Bei der Abfassung des Gutachtens muß noch ein weiteres Problem beachtet werden: Häufig wird das Gutachten vor Gericht in Gegenwart des Angeklagten verlesen (diese Regelung gilt zumindest in der Schweiz für den Fall, daß der Gutachter seine Stellungnahme nicht persönlich abgibt). In diesem Falle - aber auch bei einem mündlichen Bericht - muß der gutachterlich tätige Psychologe bedenken, welche Auswirkungen seine Stellungnahme auf den Klienten haben kann. Sicherlich wird jeder Gutachter bemüht sein, den Angeklagten kränkende und vor allem auch wertende Formulierungen zu vermeiden. Wie leicht aber kann es geschehen, daß aus einem Vorgutachten eine Passage wie die folgende (die ich aus einem tatsächlich abgegebenen Bericht entnommen habe) zitiert wird: "... Die Mutter war eine in Charakter und Lebensführung liederliche Person ... Sie wurde in der Psychiatrischen Klinik in X als haltlose und moralisch defekte Person beurteilt ..." Welche Gefühle mag eine solche Charakterisierung im Klienten auslösen, zumal wenn sie in aller Öffentlichkeit verlesen wird? Der Gutachter mag sich darauf berufen, daß er verpflichtet sei, alle ihm verfügbaren Informationen zu berücksichtigen. Dennoch liegt die ethische Fragwürdigkeit eines solchen Zitats wohl auf der Hand.

Noch problematischer in ihren Auswirkungen können Äußerungen des Gutachters über Beziehungspersonen des Klienten sein, wenn dieser in der Gerichtsverhandlung Sachverhalte erfährt, die ihm bisher nicht bekannt waren und die für ihn eine große psychische Belastung mit sich bringen. Der Gutachter hat möglicherweise gar nicht wissen können, daß seinem Klienten die betreffende Tatsache nicht bekannt war. Oder er hat sich keine Rechenschaft darüber abgelegt, welche emotionale Bedeutung diese Information für den Klienten besitzt. Es könnte beispielsweise der Hinweis auf die Untreue eines Partners, auf Beziehungskonflikte der Eltern, auf den Wunsch des Partners, sich vom Klienten zu trennen, und ähnliches sein, von denen der Angeklagte nun plötzlich erstmals in der ohnehin für ihn belastenden Situation vor Gericht hört.

Gewiß kann der Gutachter derartige Probleme zu vermeiden versuchen, indem er vor der Verhandlung mit dem Klienten genau bespricht, zu welchen Schlüssen er gekommen ist und wie er seinen Bericht abfassen wird. Es kann aber trotzdem passieren, daß der Angeklagte - völlig unverhofft - mit ihn belastenden Informationen über sich selbst und seine Beziehungsperson konfrontiert wird. Dies wiegt umso schwerer, als ihm in der Regel unmittelbar darauf niemand zur Verfügung steht, der ihm helfen könnte, mit den durch die Information ausgelösten Gefühlen fertig zu werden.

Im Zusammenhang mit der gutachterlichen Tätigkeit des Psychologen sei abschließend noch ein ganz spezielles Problem erwähnt. Es ist die Stellungnahme zum Wunsch transsexueller Patienten, man möge bei ihnen eine sogenannte geschlechtsangleichende Operation durchführen. Wir haben in den vergangenen Jahren in der Psychiatrischen Universitätspoliklinik Basel eine recht große Zahl solcher Patienten begutachtet und zum Teil längere Zeit therapeutisch betreut. Ich möchte hier nicht auf die diagnostischen und therapeutischen Probleme eingehen, die sich im Umgang mit Transsexuellen stellen, sondern lediglich die mit der Begutachtung zusammenhängende Problematik diskutieren.

Es liegt uns heute ein recht umfangreiches Schrifttum zum Transsexualismus vor, ohne daß wir bis jetzt aber genaue Kenntnisse über die Entstehungsbedingungen dieses Krankheitsbildes besäßen (s. MONEY et al., 1972; STOLLER, 1975; WYLER et al., 1978, 1979). Die bisher publizierten Katamnesen sind widersprüchlich. Unsere eigenen diesbezüglichen Erfahrungen erlauben uns noch keine endgültigen Schlüsse. Sie haben uns aber skeptisch werden lassen hinsichtlich der Beantwortung der Frage, ob wir den Patienten mit einer operativen Angleichung an das Gegengeschlecht letztlich wirklich helfen. Angesichts dieser Situation befinden wir uns bei jeder derartigen Begutachtung in einem ethischen Dilemma: Sollen wir dem inständigen Wunsch des Patienten entsprechen, der es nicht mehr erträgt, in der bisherigen Geschlechtsrolle zu leben, und bei Ablehnung der Operation oft nur noch den Suizid als Ausweg sieht? Oder sollen wir solche Wünsche im Hinblick auf die unklare Prognose prinzipiell ablehnen? Im letzteren Falle müssen wir uns indes fragen, ob wir diesen Patienten dann wenigstens in einer anderen Form Hilfe anzubieten vermögen. Da wir - in Übereinstimmung mit der einschlägigen internationalen Literatur - diese Frage verneinen müssen, befinden wir uns den Transsexuellen gegenüber in einer schwierigen Lage: Wir geben unsere Zustimmung zu einer Maßnahme, von deren Hilfe für den Betroffenen wir nicht voll überzeugt sind.

Es mag zwar der Realität entsprechen, daß es heute eine wirkliche Hilfe für den Transsexuellen letztlich noch nicht gibt und daß es die Tragik seines Lebens ist, ein Mensch zu sein, der in seiner Identität zutiefst verunsichert ist und der sich, auch nach einer operativen Angleichung an das Gegengeschlecht, niemals ganz als Frau bzw. ganz als Mann wird fühlen können. Wir vermögen uns aber mit dieser sachlich sicher gerechtfertigten Argumentation nicht der ethischen Verantwortung zu entziehen, die wir bei jeder derartigen Begutachtung auf uns nehmen müssen.

6. *Ethische Probleme in der psychologischen Forschung*

> "Es besteht ein enger Zusammenhang zwischen dem Forschungsengagement von Wissenschaftlern und ihrer Bereitschaft, die ethischen Probleme ihres beruflichen Handelns zu bedenken ... die Fleißigsten und Erfolgreichsten unter unseren Kollegen zeigen das geringste Interesse, ihre wissenschaftliche Arbeit unter dem Aspekt ihrer ethischen Implikationen zu sehen und zu diskutieren, und vice versa" (SCHULER, 1980).

Mit diesen Worten leitet SCHULER seine Monographie über ethische Probleme der psychologischen Forschung ein und zieht damit zugleich das - bedenkliche - Fazit aus seinem umfangreichen Studium der internationalen Fachliteratur.

Das Spektrum psychologischen "Einfallsreichtums" reicht von Täuschungen über die wahren Absichten der Experimentatoren über Manipulationen der verschiedensten Art bis hin zu physischen und psychischen Beeinträchtigungen und Gefährdungen der Versuchspersonen. Wenn auch die psychologische Forschung - sehen wir von einigen Extrembeispielen ab - bisher noch nicht mit einer so großen Zahl spektakulärer und eindeutig fragwürdiger Experimente aufwarten kann wie die Medizin, so sollte uns diese Tatsache nicht dazu verleiten, uns beruhigt von den ethischen Problemen abzuwenden. Es kommen verschiedene Gründe für die Unterschiede zwischen den Disziplinen in Betracht: SCHULER (1980) erwähnt unter anderem den unterschiedlichen Forschungsstand, die der Medizin inhärente höhere Gefährdung, eventuelle Unterschiede hinsichtlich der Strenge der ethischen Maßstäbe sowie die Einfachheit, körperliche Defekte zu diagnostizieren gegenüber der Unsicherheit in der Diagnose psychischer Schädigungen als Konsequenz psychologischer Forschungsmaßnahmen. Auch die Tatsache, daß gerade die aktivsten Vertreter der experimentell-psychologischen Forschung das geringste Interesse an ethischen Fragen zeigen, mag dazu beigetragen haben, daß bisher nur selten untersucht worden ist, welche Auswirkungen psychologische Experimente auf die Versuchspersonen gehabt haben. Mit Recht gibt SCHULER zu bedenken: "Wären Psychologen nicht die Betroffenen, deren eigene Forschungsmöglichkeiten durch die offene Diskussion ethischer Probleme eventuell eingeschränkt werden könnten, sondern stünden sie zum Beispiel als Gutachter den diesbezüglichen Einstellungen, Äußerungen und Verhaltensweisen anderer diagnostizierend gegenüber: Mit wieviel Interesse und Scharfsinn würden sie Verstärkungssysteme und Motive der Experimentatoren aufspüren, versachlichende Argumente als

Rationalisierungen etikettieren, mit wieviel Geduld und Einfühlungsvermögen die Reaktionen der Versuchspersonen problematisieren und im Zusammenhang mit deren Persönlichkeit und Lebensraum interpretieren."

Die Schwierigkeit, in der sich der psychologische Experimentator befindet, liegt darin, daß er sich wegen der Komplexität des menschlichen Verhaltens bei vielen Fragestellungen nicht darauf beschränken kann, seine Probanden im Alltagsleben zu beobachten. Er muß deshalb Untersuchungen im Laboratorium, unter kontrollierten Bedingungen, durchführen. Das ethische Problem liegt nun in der Tatsache, daß bei vielen solchen Experimenten das Wissen der Versuchspersonen darum, daß, wie und aus welchen Gründen sie untersucht werden, Einfluß auf ihr Verhalten und damit auf die Ergebnisse der Untersuchung ausübt (allerdings wird, wie beispielsweise aufgrund der Arbeiten von STRICKER, 1967, und WEBER et al., 1972, zu vermuten ist, die Bedeutung der Täuschung für das "Gelingen" des Experiments im allgemeinen wohl überschätzt). Der Untersucher muß sich jeweils die Frage stellen, in welchem Umfang er seine Versuchspersonen über den Ablauf des Experiments aufklären muß, beziehungsweise inwieweit er ihnen die wahren Ziele der Untersuchung verheimlichen darf.

Das humanwissenschaftliche Experiment zeichnet sich durch eine Reihe spezieller Merkmale aus (KELMAN, 1965, 1968, 1972; SCHULER, 1980): Es liegt vor allem eine extreme Machtdifferenz zwischen den Interaktionspartnern Versuchsleiter und Versuchsperson vor. Ferner besteht auf Seiten der Versuchsperson Vertrauen und Identitätsaufgabe, während sich das Verhalten des Versuchsleiters durch Kontrolle und Steuerung auszeichnet. Über alle Kosten-Nutzen-Erwägungen hinaus, die der Experimentator anstellen mag, muß er sich bei Untersuchungen im psychologischen Bereich stets dessen bewußt sein, daß die Beziehung zwischen der Versuchsperson und ihm einen "speziellen Kontrakt" (SCHULER, 1980) darstellt, aus dem ihm eine besondere Verantwortung erwächst.

Dafür, daß viele Forscher sich keineswegs an einen solchen Kontrakt gebunden fühlen und ihre Versuchspersonen mit einer erschreckenden Rücksichtslosigkeit behandeln, finden wir in der wissenschaftlichen Literatur vielfältige Belege. Ich möchte im folgenden nur einige besonders krasse Beispiele anführen, um deutlich zu machen, welche Art die ethischen Probleme sein können, die sich in der psychologischen Forschung stellen. Der an diesen Fragen interessierte Leser findet eine Fülle von Beispielen und eine ausführliche kritische Diskussion in den Monographien und Arbeit von BARBER et al., (1973), PAPPWORTH (1968) und SCHULER (1980).

Eines der spektakulärsten Experimente ist die Untersuchung von MILGRAM (1963, 1965, 1974) zur Frage des Autoritätsgehorsams. Die Aufgabe der Versuchsperson war, einer anderen Versuchsperson für ihr Versagen in einem Lernexperiment als Strafreize Stromstöße zunehmender Intensität zu erteilen. Obwohl die so bestrafte Versuchsperson auf die Applikation der Stromstöße, je nach Versuchsbedingung, sichtbar oder hörbar reagierte, fuhren die meisten Versuchspersonen (beim Grundmuster des Experiments ca. zwei Drittel) mit der Bestrafung fort, selbst wenn der Bestrafte zunächst mit Bitten und Jammern, dann mit Schreien und schließlich mit einer Stille reagierte, der die strafende Versuchsperson entnehmen mußte, die andere Person sei ohnmächtig geworden oder sogar nicht mehr am Leben. Der Eindruck größter Gefährdung wurde auch durch die Versuchsanordnung vermittelt, indem beispielsweise die Tasten für die höchsten Stromstärken mit Gefahrenhinweisen ausgestattet waren. Fast alle strafenden Versuchspersonen unternahmen einmal oder mehrmals während der Bestrafungsprozedur den Versuch, das Experiment abzubrechen. Sie wurden jedoch vom Versuchsleiter mit Aufforderungen wie "Machen Sie weiter, das Experiment verlangt es so! Es ist absolut notwendig, daß Sie fortfahren!" davon abgehalten. Alle wesentlichen Elemente des Versuchs waren fiktiv: Die zu bestrafende Person war ein vom Versuchsleiter instruierter Schauspieler, sein angebliches Lernversagen war standardisiert, und das Gerät war nur scheinbar geeignet, Stromstöße zu applizieren.

Die Berichte über dieses Experiment haben eine lebhafte Diskussion um die ethischen Aspekte dieser und ähnlicher Untersuchungen ausgelöst. Es mögen für die sozialwissenschaftliche Forschung sehr wichtige Resultate sein, die MILGRAM erzielte, und es sind sicher Befunde, die jeden mit Erschrecken realisieren lassen, in welchem Ausmaß Menschen dahingehend manipulierbar sind, in bestimmten Situationen "gehorsam" Befehle auszuführen, die sie unter normalen Bedingungen nicht vollziehen würden. Dennoch ist gerade bei dem MILGRAMschen Experiment die ethische Fragwürdigkeit offensichtlich: Hier wurde das Vertrauen der Versuchspersonen in grober Weise mißbraucht, und sie wurden einer sie extrem belastenden Situation ausgesetzt, von der man keinesweg leichthin sagen kann (wie MILGRAM, 1964, 1974, und ERRERA, 1972, aufgrund von Nachexplorationen annahmen), sie habe keinerlei negative Auswirkung gezeitigt. Die folgende, von MILGRAM (1963) gegebene Beschreibung seiner Versuchspersonen spricht für sich: "... Within twenty minutes he was reduced to a twitching, stuttering wreck, who was rapidly approaching a point of nervous collaps ... On one occasion we observed a seizure so violently that it was necessary to call a halt to the experiment ..." (MILGRAM, 1963).

Mit Recht zweifelt BAUMRIND (1964), die erste Autorin, die öffentlich zur ethischen Fragwürdigkeit der MILGRAMschen Experimente Stellung nahm, an der Möglichkeit, durch eine nachträgliche Aufklärung negativen Auswirkungen auf das Selbstbild sowie Beeinträchtigungen des Selbstwertgefühls und einem Vertrauensverlust der Versuchspersonen entgegenzuwirken.

Die MILGRAMschen Untersuchungen sind zwar die wohl spektakulärsten ihrer Art. Wir finden aber in der psychologischen Literatur eine Reihe anderer, weniger bekannter Experimente, die sich hinsichtlich ihrer ethischen Fragwürdigkeit durchaus mit MILGRAMs Studie "messen" können. Paradigmatisch seien hier einige erwähnt:

Um die Wirkung von Prüfungsangst auf Klausurnoten zu untersuchen, wurden in einem Experiment GOLDBERGs (1965) einer Gruppe von Studenten extrem strenge Noten gegeben und erst nach dem Examen, im darauffolgenden Semester, korrigiert. FRENCH (1944, zitiert nach COOK, 1976) sperrte Versuchspersonen ein und ließ unter dem Türspalt Rauch in den Raum quellen - um die Reaktion auf Streß zu prüfen! Der Untersuchung des Verhaltens in lebensbedrohenden Situationen sollten auch die beiden folgenden Experimente dienen: BERKUN und Mitarbeiter (1962) wählten Soldaten aus, die sich <u>nicht</u> freiwillig zur Verfügung gestellt hatten und die auch nicht über den experimentellen Charakter der Situation informiert waren. Um Todesangst zu provozieren, simulierten die Autoren unter anderem einen Flugzeugabsturz. GLOVER et al. (1962) schließlich suchten eine "seelische Belastung" experimentell dadurch zu erzeugen, daß sie bei einer Untersuchung über die intraarterielle Injektion von Adrenalin die Versuchspersonen glauben machten, man habe ihnen eine falsche Dosis injiziert, so daß sie hochgradig gefährdet seien. Man ließ die Versuchspersonen zehn Minuten lang in diesem Angstzustand, bevor man sie über den wahren Sachverhalt aufklärte!

Diese Beispiele mögen genügen. Die Liste von Experimenten solcher Art ließe sich beliebig fortsetzen. Eine ausführliche Diskussion findet sich bei BARBER et al. (1973), PAPPWORTH (1968) und SCHULER (1980). Bei allen derartigen Experimenten liegt die ethische Fragwürdigkeit darin, daß zur Erlangung "wissenschaftlicher Untersuchungsbefunde" die Probanden Situationen ausgesetzt werden, die allen verbreiteten menschlichen Wertvorstellungen zuwiderlaufen (es sei nur am Rande darauf hingewiesen, daß hier ein Ungleichgewicht zwischen Kosten und Nutzen besteht: Der Untersucher trägt den Nutzen davon, während der Preis allein von der Versuchsperson zu zahlen ist!). Vor allem KELMAN (1967) hat auf diesen Sachverhalt hingewiesen. Er betont, es sei bei den Experimentatoren offenbar in Vergessenheit geraten, daß sie es mit

Menschen als Interaktionspartner zu tun hätten, denen gegenüber sie ihre Verpflichtung zur Aufrichtigkeit nicht willkürlich ablegen könnten. Es verstoße gegen die Würde des Menschen, Situationen herbeizuführen, in denen sich einer der Interaktionspartner von dieser Verpflichtung befreie. Diesen sehr berechtigten Überlegungen ist nichts hinzuzufügen.

Indes haben wir es in der psychologischen Forschung nicht nur mit solchen Situationen zu tun, deren ethische Fragwürdigkeit eklatant ist. Es gibt vielmehr noch eine Reihe von Problemen, die weniger offensichtlich sind, uns aber dennoch in ethische Konflikte bringen.

Vor solche Probleme sehen wir uns mitunter bei sozialpsychologischen Interviewstudien gestellt. Die Befragungen können sich für die Interviewten in einer negativen Weise auswirken, ohne daß es möglich wäre, diesen Einfluß später exakt zu erfassen und zu beheben. Ich denke etwa an anonyme Befragungen von Schülern zum Alkohol- und Drogenkonsum. Gewiß haben Studien dieser Art einen wissenschaftlichen Wert, da sie uns Angaben über Art und Häufigkeit des Konsums in der untersuchten Altersgruppe liefern und uns Einblicke in die Wege eröffnen, welche die Jugendlichen bei der Drogenbeschaffung beschreiten. Ein anderes Beispiel wären Untersuchungen zum Sexualverhalten Jugendlicher. Derartige Befragungen mögen wissenschaftlich ergiebig sein. Wir müssen aber angesichts der Frage nach den ethischen Implikationen bedenken, daß durch den Inhalt des Interviews manche Befragten unter Umständen auf bestimmte Sachverhalte aufmerksam werden, die sich keineswegs hilfreich für sie auswirken. Ferner können im Interview Fragen enthalten sein, die den Probanden (der sie möglicherweise mißverstanden hat) sehr verunsichern. Gerade bei anonymen Befragungen besitzt der Interviewte nicht die Möglichkeit, die ihn beunruhigenden Probleme später im persönlichen Gespräch zu klären (dies könnte beispielsweise ein bestimmtes Sexualverhalten betreffen, von dem der Proband aufgrund des Kontextes der von uns gestellten Fragen annimmt, es sei "abnorm"). Selbst wenn wir sozialpsychologische Untersuchungen sehr sorgfältig planen und alle Konsequenzen zu beachten versuchen, wird es uns wohl nie gelingen, Schädigungen der erwähnten Art mit Sicherheit auszuschließen. Hinzu kommt, daß wir bei der Veröffentlichung von Resultaten, die wir aus solchen Interview-Studien gewonnen haben, im Grunde die persönliche Sphäre der Befragten nicht genügend respektieren: Wir ziehen Informationen, die eigentlich nur uns persönlich, auf unsere Fragen hin, gegeben worden sind, in das Licht der Öffentlichkeit.

Nicht immer ist es in der psychologischen Forschung so, daß sich der Untersucher den ethischen Zwiespalt, in dem er steht, erst durch Reflexion vergegenwärtigen muß. Mitunter erlebt er diese Probleme vielmehr sehr bewußt. Studien solcher Art können beispielsweise Untersuchungen zur Entwicklung des Kleinkindes darstellen. Anknüpfend an Erfahrungen, die ANNA FREUD in Wien gesammelt hat, hat KÖHLER-WEISKER (1980) psychoanalytische Ausbildungskandidaten über längere Zeit hin Mütter mit ihren Säuglingen beobachten lassen. Die Kandidaten statteten der Familie, die sich ihnen zur Verfügung gestellt hatte, wöchentlich einen Besuch ab und bemühten sich dabei, (im Sinne der teilnehmenden Beobachtung) die Interaktionen zwischen Mutter und Kind sowie Verhaltensänderungen der Kinder und Reaktionen ihrer Mütter darauf möglichst sorgfältig zu registrieren. Diese Studie konnte indes nur unter der Voraussetzung durchgeführt werden, daß die Beobachter unter keinen Umständen in das intrafamiliäre Geschehen eingreifen durften. Ein wichtiges Thema in der parallel zu den Besuchen laufenden Supervisionsgruppe war gerade die Erfahrung mancher Teilnehmer, daß sie sich schnell zum aktiven Eingreifen aufgefordert fühlten. Ziel der Studie war - neben der exakten Beobachtung des Kleinkindverhaltens -, die Teilnehmer für Interaktionsprozesse zu sensibilisieren und sie erleben zu lassen, wie schnell sie mitunter von der "freischwebenden Aufmerksamkeit" abwichen und sich zu Interventionen gedrängt fühlten.

Eine solche teilnehmende Beobachtung ist unbestreitbar eine ausgezeichnete Methode, Einsicht in entwicklungspsychologische Prozesse zu erlangen, eine "analytische Haltung" zu erlernen und sich der eigenen Gegenübertragungsgefühle bewußter zu werden - vor allem wenn die Beobachtung durch die Teilnahme an einer Supervisionsgruppe ergänzt wird. Die Voraussetzung, unter der diese Studie von KÖHLER-WEISKER durchgeführt wurde (und vermutlich auch nur durchgeführt werden kann), ist jedoch ethisch keineswegs unproblematisch. Auf der einen Seite ist unbestreitbar, daß ein aktives Eingreifen seitens des Beobachters in die Interaktion zwischen Mutter und Kind unverantwortbar wäre (die Familien hatten sich ja auch nur für eine teilnehmende Beobachtung, nicht aber für "Therapieversuche" zur Verfügung gestellt). Auf der anderen Seite aber ist es vorstellbar, daß sich der Beobachter mit Situationen konfrontiert sieht, die seine "Abstinenz" fragwürdig werden lassen und in denen ihm die Entscheidung sehr schwer wird, ob er in irgendeiner Form eingreifen soll, oder ob es besser ist, sich nach wie vor auf die Rolle des Beobachters zu beschränken. Die Unsicherheit, die manche Teilnehmer angesichts solcher Entscheidungen erleben, scheint mir nicht nur ein individuelles Gegenübertragungsproblem zu sein. Sie erleben meiner Ansicht nach vielmehr in dieser Situation sehr deutlich den ethischen Konflikt, in dem sich auch viele Forscher bei psychologischen Untersuchungen befinden.

Zu erwähnen sind in diesem Zusammenhang beispielsweise Studien, die mit dem Ziel durchgeführt wurden, die Entwicklung von Kindern aus verschiedenem Milieu (zum Beispiel im Heim, in Pflegefamilien oder in der eigenen Herkunftsfamilie aufwachsende Kinder) beziehungsweise die Reaktionen der Kinder auf Trennungssituationen miteinander zu vergleichen (s. CROWE, 1974; DÜHRSSEN, 1974; PROVENCE et al., 1962; ROBERTSON, 1964/65, 1977, 1952). Diese Arbeiten sind zwar wissenschaftlich zweifellos von größtem Wert - vor allem auch im Hinblick auf die Einleitung prophylaktischer Maßnahmen. Der Forscher, der diese Beobachtungen durchführt und dabei realisiert, welchen Schaden Kinder erleiden, die unter bestimmten Bedingungen aufwachsen, steht aber der schwierigen Situation gegenüber, dies registrieren zu müssen und trotz dieser Einsichten im konkreten Fall nicht eingreifen zu können (und zu dürfen).

Ethische Fragen sind seit einigen Jahren vermehrt auch im Bereich der kriminologischen Forschung diskutiert worden. So hat beispielsweise die wissenschaftliche Kommission der Internationalen Gesellschaft für Kriminologie erreicht, daß das Thema "Richtlinien und Sicherheit in bezug auf kriminologische Forschung" auf die Traktandenliste des 8. Internationalen Kongresses für Kriminologie in Lissabon im September 1978 gesetzt wurde (s. HALL WILLIAMS, 1980). Das Resultat dieser Diskussion ist ein Kodex von Richtlinien und Sicherheiten, die bei Untersuchungen an Strafgefangenen unbedingt eingehalten werden sollten. Abgesehen davon, daß Zweck und Methoden des jeweiligen Forschungsprojekts genau zu umschreiben sind, sollte auf jeden Fall die Anonymität des einzelnen Gefangenen und anderer Personen gewahrt werden. Außerdem wird darauf hingewiesen, daß der Inhaftierte vor Beginn des Forschungsprogramms über die Art der Untersuchung genau informiert werden muß und schriftlich seine Zustimmung geben soll. Insbesondere sei es nicht erlaubt, die Zustimmung eines Gefangenen zur Beteiligung an einem Experiment durch Drohungen oder Versprechungen "ungebührlicher Vorteile" zu erzwingen (zum Beispiel Versprechungen finanzieller Art, Einräumen von Privilegien, die an die Mitwirkung bei der Untersuchung gebunden sind, oder Inaussichtstellen einer frühzeitigeren Entlassung). Bei der Diskussion dieser Richtlinien wurde auch angeregt, den Kodex noch auf den Schutz weiterer Personen auszudehnen: so beispielsweise auf Verbrechensopfer, Ehefrauen und Familien von Gefangenen sowie Personen, die nach einem Prozeß freigesprochen worden sind.

Ich habe bisher wissenschaftliche Untersuchungen diskutiert, bei denen sich die Frage stellt, ob bestimmte Strategien, die zur Erhebung von Daten eingesetzt werden, ethisch vertretbar seien oder nicht. Wenn wir in der psychologischen Forschung arbeiten, müssen wir uns aber auch - wie in anderen Wissenschaftszweigen - stets die Frage vorlegen, welche Konsequenzen sich aus unseren Resultaten möglicherweise ergeben. Es scheint mir eine ethisch fragwürdige Haltung zu sein, sich als Forscher auf den Standpunkt zu stellen, wichtig sei zunächst einmal, daß die Untersuchung methodisch einwandfrei sei und daß sich die Versuchsbedingungen nicht zum Nachteil der Probanden auswirkten; eine Reflexion über die Konsequenzen der Resultate sei oft aber nicht möglich und gehöre letztlich auch nicht mehr zum Aufgabenbereich dessen, der "Grundlagenforschung" betreibe. Ich bin demgegenüber der Ansicht, daß es eine "neutrale" Grundlagenforschung nicht gibt. Selbst wenn aus den Ergebnissen eines psychologischen Experiments nicht unmittelbar praktische Konsequenzen abgeleitet werden (die beispielsweise Anwendung im Schulunterricht, in der Behandlung von Kranken usw. finden), so geht von solchen scheinbar "zweckfreien Untersuchungen" über kurz oder lang doch in irgendeiner Form Einfluß auf die Praxis aus. Der Forscher kann sich seiner ethischen Verantwortung nicht dadurch entziehen, daß er - nachträglich - darauf hinweist, er habe diese Art der Anwendung nicht voraussehen können, und er mißbillige selbst ausdrücklich eine solche Umsetzung seiner Resultate in die Praxis. Es lastet auf ihm als demjenigen, der "den Stein ins Rollen gebracht hat", letztlich doch zumindest ein Teil der Verantwortung.

Ein Beispiel aus dem eigenen Erfahrungsbereich möge diesen Sachverhalt veranschaulichen: Vor einigen Jahren berichteten WILLNER und Mitarbeiter (1979) über Untersuchungen, die sie an Patienten mit schweren koronaren Erkrankungen und deshalb notwendig gewordenen Herzoperationen durchgeführt hatten. Die Autoren kamen zu dem Resultat, daß unter diesen Patienten jene mit einem psychoorganischen Syndrom (WILLNER, 1971, objektivierte diese Störung mit Hilfe eines einfachen Tests zur Prüfung des schlußfolgernden Denkens) eine wesentlich schlechtere Prognose (vor allem in Form einer höheren Mortalität) hätten als Herzoperierte ohne kognitive Störungen.

Wir entschlossen uns, eine Replikationsstudie an Patienten durchzuführen, die sich einer offenen Herzoperation unterziehen mußten (MARELLI et al.). Diese zur Zeit noch nicht abgeschlossene Untersuchung hat verschiedene Ziele: zunächst einmal geht es uns darum, die Resultate von WILLNER an einer Gruppe hiesiger Patienten zu überprüfen. Ferner ist es von theoretischem Interesse zu untersuchen, inwieweit sich durch die Verwendung des betreffenden Tests hirnorganische Störungen zuverlässig nachweisen lassen, die in Beziehung zur Prognose stehen. Schließlich erscheint es uns angesichts des Risikos, dem - nach den Befunden von WILLNER zu schließen - Patienten mit kognitiven Störungen (die auf ein psychoorganisches Syndrom hinweisen) ausgesetzt sind, wichtig, diesen Fragen genauer nachzugehen.

Doch gerade hier stehen wir unversehens vor einem ethischen Problem: Nehmen wir an, daß wir die von WILLNER publizierten Resultate verifizieren können. In diesem Falle können wir sagen, daß es durch eine testpsychologische und eine psychiatrische Untersuchung möglich ist, vor Durchführung einer Operation etwas über die Prognose eines Patienten auszusagen. Man könnte auf diese Weise frühzeitig auf besonders gefährdete Patienten aufmerksam werden und bei ihnen unter Umständen die Indikation zu einer Operation noch einmal einer sorgfältigen Prüfung unterziehen. Der Kardiologe müßte dann abwägen, welches Risiko höher zu veranschlagen sei: das einer trotz des psychoorganischen Syndroms durchgeführten Operation oder das eines Verzichts auf den operativen Eingriff. Eine solche vor der Operation eingeschaltete psychologische Untersuchung könnte von großem Nutzen für die betreffenden Patienten sein. Dennoch ist auch der Fall denkbar, daß unsere Befunde mißverstanden würden und zu einer kurzschlüssigen Konsequenz führten, man könne mit Hilfe eines kurzen Tests auf einfache Weise Patienten aus dem Operationsprogramm ausschließen, die von einem mutmaßlich größeren Risiko bedroht seien.

Es wird gewiß keinen verantwortungsbewußten Kardiologen geben, der in so oberflächlicher Weise Entscheidungen träfe. Dennoch sollten wir uns, wenn wir die Befunde von Studien wie der erwähnten publizieren, stets die Frage vorlegen, ob unsere Resultate nicht - gegen unseren Willen - mißbraucht werden könnten und vielleicht dort Schaden anrichten, wo wir Hilfe zu leisten beabsichtigten. Die Berufung darauf, daß derjenige, der praktische Konsequenzen aus den Befunden ziehe, letztlich für "alles" verantwortlich sei, mag juristisch stichhaltig sein. Sie enthebt uns aber noch längst nicht der ethischen Verantwortung, die wir für unsere wissenschaftliche Tätigkeit übernehmen müssen.

Große, auch ethische Aspekte umfassende Schwierigkeiten stellen sich angesichts der wachsenden Möglichkeiten, psychologische Daten zu speichern. Zunehmend werden heute in den verschiedensten Institutionen Daten aus psychologischen Untersuchungen in computergerechter Form verschlüsselt und auf Datenbanken gespeichert. Die sich dabei stellenden technischen und organisatorischen Probleme sind vielfach diskutiert worden (s. beispielsweise die Übersicht über "Dokumentation und Datenverarbeitung" von MESSNER, 1974). Die ethischen Implikationen aber finden kaum Erwähnung.

Dies ist insofern erstaunlich, als sich gerade auf dem Gebiet der Dokumentation psychologischer Daten große Probleme eröffnen. Ich bin bereits auf einige dieser Fragen in den Kapiteln über die testpsychologische Diagnostik und über die Loyalitätskonflikte eingegangen, denen sich der Psychologe im Spannungsfeld zwischen

Klient und Auftraggeber gegenübersieht (s. Kapitel 2 und 5). Es sei deshalb hier nur noch einmal auf einige wichtige Aspekte eingegangen. Das zentrale Problem liegt darin, ob wir den Klienten garantieren können, daß ihre Daten unter allen Umständen vor dem Zugriff durch Dritte sicher sind.

Der Schutz persönlicher Daten hängt davon ab, inwieweit die über einen Klienten vorliegenden Angaben anonymisiert worden sind. Die Datenschutzgesetze beziehen sich auf personenbezogene Daten und Dateien. Personenbezogene Daten sind "Einzelangaben über persönliche und sachliche Verhältnisse, die mit normalen Hilfsmitteln und ohne unverhältnismäßigen Aufwand auf bestimmte natürliche Personen bezogen werden können" (SPECHT, 1981b). Als Dateien bezeichnet man "gleichartig aufgebaute Sammlungen von Daten, die nach bestimmten Merkmalen erfaßt und geordnet sind" (SPECHT, 1981b). Nach diesen Definitionen fallen nicht unter die Bestimmungen der Datenschutzgesetze:

a) Daten, die derart anonymisiert worden sind, daß sie nicht mehr auf bestimmbare Personen bezogen werden können: zum Beispiel in der Schweiz die von den verschiedenen Spitälern an die "Vereinigung Schweizerischer Krankenhäuser" (VESKA) gelieferten statistischen Angaben über Diagnosen und Therapien;

b) personenbezogene Daten, die sich nicht in Dateien befinden: z.B. die für den internen Gebrauch bestimmten Aufzeichnungen sowie Akten, die nicht durch automatisierte Verfahren umgeordnet und ausgewertet werden können.

Hinsichtlich der für den internen Gebrauch bestimmten Daten gilt in der BRD der § 6 des Bundesdatenschutzgesetzes vom 26.5.1978 (BDSG). Nach diesen Bestimmungen müssen ausreichende technische und organisatorische Maßnahmen getroffen werden, daß solche Dateien ausschließlich intern verwendet und die darin enthaltenen Daten nicht an Dritte übermittelt werden.

Gerade in diesem Bereich sehe ich die größten Schwierigkeiten und ethischen Probleme. Es mag sicher gelingen, die in Dateien gespeicherten Daten so weit zu anonymisieren, daß eine Identifikation einzelner Personen nicht mehr möglich ist. Doch können wir uns wirklich dafür verbürgen, daß unsere persönlichen Aufzeichnungen und die Sammlungen verschiedener Berichte über einen Klienten - wie der § 6 BDSG vorschreibt - nicht in die Hände unbefugter Dritter gelangen und sich später einmal nicht zum Nachteil unserer Klienten auswirken werden? Man muß in diesem Zusammenhang nicht nur an einen groben Mißbrauch denken, wie wir ihn im Falle extremer politischer Verhältnisse befürchten müssen. Vielmehr können sich die von uns beispielsweise anläßlich einer strafrechtlichen Begutachtung erhobenen und dann in Akten niedergelegten psychologischen Daten auch insofern zum Nachteil des Klienten auswirken, als sie in späteren Jahren unter Umständen einen Einfluß auf das Resultat einer erneuten Begutachtung ausüben. Ich habe bereits auf diese von Autoren des labeling approach aufgedeckten Zusammenhänge hingewiesen (s. Seite 60).

Es ist unvermeidbar, daß unsere Daten von einem späteren Benutzer unter Umständen in einer Weise (miß-)verstanden und interpretiert werden, die unserer Auffassung (die wir uns aufgrund der persönlichen Begegnung mit dem Klienten gebildet haben) ganz und gar nicht entspricht. Derjenige, der sich später der Daten bedient, könnte auch völlig willkürlich einige, ihm im Sinne seines Konzepts relevant erscheinende Details herausgreifen, andere hingegen als irrelevant beiseite lassen und käme auf diese Weise unter Verwendung unserer Daten zu einem völlig anderen Persönlichkeitsbild und - daraus resultierend - auch zu weitgehend anderen Empfehlungen.

Mit diesen Überlegungen möchte ich nicht dafür plädieren, die Resultate psychologischer Untersuchungen prinzipiell zu vernichten. Wir kennen im klinischen Bereich eine Fülle von Fragestellungen, bei denen es im Interesse des Patienten liegt, daß wir auf Vergleichsbefunde aus früheren Jahren zurückgreifen können. Außerdem wäre beispielsweise eine psychologische Verlaufsforschung unmöglich, wenn uns keine Daten aus früherer Zeit vorlägen. Die ausgeführten Überlegungen sollten uns aber für die ethischen Probleme der Dokumentation psychologischer Daten sensibilisieren. Wir sollten nicht - fasziniert von den großen uns heute zur Verfügung stehenden technischen Möglichkeiten - vorschnell unsere Einwilligung dazu geben, daß Daten wahllos gespeichert werden. Vielmehr sollten wir uns immer wieder von neuem selbstkritisch die Frage vorlegen, ob eine Dokumentation bestimmter Daten nicht nur unsere wissenschaftlichen Interessen befriedigt, sondern wirklich zum Nutzen der Menschen gereicht, bei denen sie erhoben wurden.

Der heute an vielen Stellen spürbare Zielkonflikt zwischen wissenschaftlichen Interessen und Datenschutz sollte nicht in einer Verhärtung der Fronten enden. Besser wäre es, wenn wir als Praktiker und Wissenschaftler die Beschäftigung mit diesen Fragen zum Anlaß nähmen, unsere Einstellungen zu überdenken. "Dies beginnt mit den Umgangsformen und Verhaltensweisen der einzelnen Disziplinen gegenüber ihren Klienten oder Probanden. Speziell gefordert ist die Bereitschaft, beim Umgang mit personenbezogenen Daten das Persönlichkeitsrecht der Betroffenen, ihren Anspruch auf Datenschutz, vorbehaltlos zu respektieren. Das Selbstverständnis und die Praxis der Wissenschaften müssen sich in diesem Punkt zum Positiven wenden, damit der Datenschutz von einem Angstthema zum Gegenstand öffentlicher Vertrauenswerbung gemacht werden kann. Dann wird es auch leichter sein, die in den Gesetzen vorhandenen Inaterpretationsspielräume zugunsten der Wissenschaft auszufüllen oder den Gesetzgeber zu Korrekturen zu veranlassen" (DAMMANN, 1981).

Ethische Probleme in der psychologischen Forschung stellen sich schließlich auch bei wissenschaftlichen oder anderweitigen Publikationen. Wir sind zwar dazu verpflichtet, "das Wissen und das Verständnis des Menschen für sich selbst und für andere zu vertiefen", wie es im § 1.1. der Schweizer Ethischen Richtlinien formuliert ist. Ein wichtiges Mittel dabei sind Publikationen in Fachzeitschriften und anderen wissenschaftlichen Werken. Vor allem im Bereich der klinischen Psychologie ist es oft unumgänglich, zur Veranschaulichung kasuistisches Material heranzuziehen. Wir verstoßen damit - wenigstens zu einem gewissen Teil - gegen die ebenfalls in den ethischen Richtlinien verankerte Verpflichtung, "die veröffentlichten Daten soweit zu modifizieren, daß sie keine die Identifizierung der betroffenen Personen ermöglichenden Hinweise enthalten, es sei denn, die betroffenen Personen hätten sich ausdrücklich damit einverstanden erklärt, daß ihre Identität erkennbar bleibt" (Deutsche Richtlinien). Ich persönlich halte jedoch selbst in diesem Falle eine Aufhebung des Schutzes, den die Anonymität dem Klienten bietet, für gefährlich, da dieser im voraus gar nicht wissen kann, welche Konsequenzen seine Einwilligung unter Umständen haben wird.

So vorbehaltlos wir der aus den Deutschen Richtlinien zitierten Forderung auch immer zustimmen mögen, so schwer ist sie im konkreten Fall zu erfüllen. Gerade bei der Schilderung psychodynamischer Sachverhalte ist es oft von ausschlaggebender Bedeutung, daß wir Details zur Lebensgeschichte des Patienten angeben und unter Umständen auch Informationen über seine Beziehungspersonen anführen. In einem solchen Falle ist es sehr schwierig, Einzelheiten, die der Identifizierung dienen könnten, zu eliminieren bzw. so zu verändern, daß sie zwar nicht mehr auf den betreffenden Patienten zutreffen, aber doch noch psychodynamisch stimmig sind. Dieses Vorgehen ist praktisch unmöglich beim Zitieren von Träumen, da sonst die psychologischen Sachverhalte zu sehr abgewandelt würden.

Wir befinden uns als publizierende Psychologen somit in dem ethischen Konflikt, daß wir durch Veröffentlichungen der Weiterentwicklung unserer Wissenschaft dienen sollen, dies aber oft mit dem hohen Preis bezahlen, Dinge, die uns ein Mensch im Rahmen der dualen therapeutischen Beziehung persönlich anvertraut hat, vor einer anonymen Öffentlichkeit auszubreiten.

Auch ich habe mich in diesem Buch verschiedentlich kasuistischen Materials bedient und habe dies nicht ohne Bedenken getan. Ich habe zwar viele Details, die eine Identifizierung ermöglichen könnten, verändert. Auf andere Beispiele, die ich gern zur Veranschaulichung herangezogen hätte, die ich aber aus verschiedenen Gründen nicht in einem mich befriedigenden Maße unkenntlich machen konnte, habe ich indes verzichtet. Trotzdem bleibt subjektiv ein "ungutes" Gefühl bestehen: Ich habe Dinge an eine Fachöffentlichkeit weitergegeben, die nur für mich persönlich bestimmt waren. Die Aussicht darauf, daß die von mir angeführten Beispiele es dem Leser erleichtern mögen, Zugang zu meinen Überlegungen zu finden, entlastet nicht von ethischen Zweifeln.

7. *Ethische Aspekte in der Ausbildung und Weiterbildung des Psychologen*

Der Reflexion über die ethischen Grundlagen psychologischen Handelns sollte in der Ausbildung der Psychologiestudenten ein zentraler Platz eingeräumt werden. Schauen wir jedoch die Unterrichtspläne der verschiedenen universitären und außeruniversitären Ausbildungsinstitutionen an, und fragen wir uns als Ausbildende selbst kritisch, welche Bedeutung wir diesen Problemen in unseren Veranstaltungen beimessen, so ergibt sich ein völlig anderes Bild.. In Anbetracht der vielen, in sich umfangreichen Stoffgebiete, die im Studium zu vermitteln sind, tritt die Diskussion ethischer Probleme oft weitgehend zurück oder wird sogar völlig ausgeklammert.

Dieser Eindruck wird durch eine Befragung bestätigt, die BARBER et al. (1973) bei 307 Forschern mit humanexperimenteller Erfahrung in verschiedenen biomedizinischen Bereichen vornahmen. Die Autoren fragten die Forscher, wann sie im Laufe ihrer Ausbildung oder ihrer Karriere auf ethische Probleme aufmerksam geworden seien. Nur ein einziger der Befragten hatte jemals einen Kurs zu diesem Thema besucht. 57 % hatten während ihres Studiums niemals etwas über ethische Probleme gehört, weder in Vorlesungen oder Seminaren noch in der Diskussion über aktuelle Experimente an Menschen und Tieren. 19 % der Befragten wurden durch Problemfälle in der eigenen Forschung auf ethische Fragen aufmerksam, 5 % durch den Einfluß von Kollegen, 3 % durch die zunehmenden Kontrollen der Ethik-Komitees. 47 % der Forscher hatten sich im gesamten Verlauf ihrer bisherigen Arbeit niemals die Frage nach ethischen Implikationen ihres Tuns gestellt!

Mit einer solchen Haltung befinden wir uns in einem krassen Gegensatz zu den ethischen Richtlinien, in denen es (zum Beispiel im § 5.1. der Schweizer Version) wörtlich heißt: "Im Rahmen der Ausbildung macht der Lehrende die Studierenden auf die ethischen Konsequenzen ihrer Tätigkeit aufmerksam" bzw.im § 5.2. "Die Lehrenden sind verpflichtet, die Studenten zu gegebener Zeit über Inhalt und Bedeutung der ethischen Richtlinien aufzuklären". Es ist jedoch dem einzelnen Dozenten - auch nach diesen Formulierungen - völlig überlassen, wie und in welchem Umfang er die Aufklärung vornimmt. Der eine mag es für ausreichend halten, wenn er darauf hinweist, daß ethische Richtlinien bestehen. Ein anderer händigt seinen Studenten vielleicht diesen Katalog aus und verwendet eine einzige (!) Vorlesungs- oder Seminarstunde für die Besprechung der ethischen Richtlinien. Ein dritter Dozent schließlich hält es für sinnvoll, in seinen Veranstaltungen immer wieder, in verschiedenstem Kontext, auf die sich jeweils ergebenden ethischen Probleme hinzuweisen. Jeder dieser Ausbilder wird stichhaltige Begründungen für sein Vorgehen anführen können.

Dennoch sollte es uns nachdenklich stimmen, daß wir im allgemeinen in der Ausbildung nur wenig Zeit für die Reflexion ethischer Fragen verwenden. Das Bedenkliche daran ist nicht nur, daß auf diese Weise die Studenten mangelhaft über diese Probleme informiert werden. Schwerwiegender ist nach meiner Ansicht vielmehr die Tatsache, daß wir damit als Dozenten eine Haltung einnehmen, die - ohne daß wir es beabsichtigen, vielleicht sogar gegen unseren Willen - auf die Studenten einen prägenden Einfluß ausübt. Wenn wir als "Fachleute" ethische Fragen offensichtlich als zweitrangig ansehen - warum sollten wir dann von den Studierenden erwarten können, daß sie diesen Problemen große Bedeutung beimessen? Aus eben dieser Überlegung heraus habe ich mich entschlossen, das vorliegende Buch zu schreiben, in der Hoffnung, damit die Diskussion über die ethischen Grundlagen unserer Tätigkeit anzuregen.

Wichtig ist, in diesem Zusammenhang zu reflektieren, in welcher Weise und mit welchem Resultat ethische Haltungen im Verlauf der universitären Ausbildung von Studenten übernommen werden. Dieser Prozeß ist meines Wissens bisher nicht im Hinblick auf das Psychologiestudium untersucht worden. Eindrucksvolle Studien liegen uns hingegen aus dem medizinischen Bereich vor. Paradigmatisch ist etwa die Untersuchung von MORRIS et al. (1971), die in einer Längsschnittstudie Zahnmedizinstudenten - am Beginn, in der Mitte und am Ende des Studiums - bezüglich ethischer Standards befragten. Das Resultat (das diesem Forschungsbereich den Namen "Zynismusforschung" (!) eingetragen hat, POTTHOFF, 1980) ließ erkennen, daß im Verlauf der Ausbildung bei allen Studenten eine Zunahme unethischer Antworten zu verzeichnen war. Ferner zeigte sich, daß vor allem Studenten mit guten Studienleistungen - insbesondere wenn ihre Eltern selbst Zahnärzte waren - niedrigere Ethik-Werte aufwiesen als weniger leistungsstarke Studenten. In einer Übersichtsarbeit hat REZLER (1974) die Untersuchungen über die Aneignung ethischer Haltungen zusammengestellt. Die Autorin weist u.a. darauf hin, daß die ungünstigen ethischen Einstellungen, die sich Studenten während ihrer Ausbildung angeeignet hatten, äußerst resistent gegen Änderungsversuche in speziellen Kursen und Seminaren waren.

Versuchen wir aus diesen Beobachtungen Schlüsse für die Ausbildung von Psychologiestudenten zu ziehen, so weisen die Befunde vor allem darauf hin, daß eine Auseinandersetzung mit ethischen Problemen möglichst frühzeitig und über den ganzen Ausbildungsgang hinweg stattfinden sollte. Dies scheint mir eine der wichtigsten Voraussetzungen dafür zu sein, daß wir am Ende des Psychologiestudiums nicht Menschen in die Praxis entlassen, die mitmenschlicher Not und ethisch schwierigen Situationen unsensibel, hilflos und resignierend gegenüberstehen. Es wäre fatal, wenn das Resultat der psychologischen Ausbildung ähnlich negativ ausfiele, wie es SCHMIDT (1972) für Medizinstudenten formuliert hat: "Die auf seiten der Studenten durchaus vorhandene Sensibilität gegenüber dem Patienten als Individuum ... verliert sich zusehends, wenn man die Studenten in eine hypothetische praktische Situation versetzt." Wir sollten alles daran setzen, solche bedenklichen Entwicklungen zu vermeiden. Wichtig dürfte vor allem sein, die "anfänglich positiven Tendenzen (der Studenten) weiter zu entwickeln und nicht in Zynismus enden zu lassen" (SCHMIDT, 1972).

Wir werden unseren Ausbildungsaufgaben nicht allein damit gerecht, daß wir eine immer größere Fülle von Wissensinhalten vermitteln. Zumindest ebenso wichtig erscheint mir die (allerdings unter Umständen schwerer zu leistende) Hilfe, die wir unseren Studenten bei ihrer persönlichen Entwicklung und beim Erwerb einer beruflichen Identität bieten sollen. Diese Prozesse werden vielleicht erst im Verlauf der Berufstätigkeit bewußt erlebt. Dennoch glaube ich, daß wir bereits während der Studienzeit entscheidend dazu beitragen können (und sollten!), positive diesbezügliche Entwicklungen einzuleiten und die Studierenden zu einer Auseinandersetzung mit sich selbst und ihrer Rolle als Psychologen anzuregen.

Bei einer auf ein solches Ziel ausgerichteten psychologischen Ausbildung geht es nicht darum, dem ohnehin schon umfangreichen Fächerkatalog ein weiteres "Spezialgebiet" hinzuzufügen. Wichtig ist vielmehr, daß im jeweiligen Kontext der verschiedenen Disziplinen anthropologische Grundlagen, ethische Implikationen und die persönliche Betroffenheit der Studierenden reflektiert und zumindest ansatzweise durchgearbeitet werden. Dieses Vorgehen erfordert keinen wesentlich größeren Zeitaufwand. Es stellt uns als Dozenten aber vor die - tatsächlich schwierige - Aufgabe, unsere eigene Position immer wieder zu überdenken und uns in der Ausbildung nicht nur intellektuell, sondern auch affektiv zu engagieren. Von derartigen Erfahrungen könnten die Studierenden dann allerdings für ihre spätere Tätigkeit vielleicht mehr profitieren als von manchen inhaltlich und didaktisch brillianten Veranstaltungen.

Wenn es uns in der psychologischen Ausbildung gelingt, die Studenten für die ethischen Probleme in den verschiedensten thematischen Zusammenhänge zu sensibilisieren, so können wir hoffen, daß ihr Interesse an diesen Fragen auch nach Aufnahme der Berufstätigkeit bestehen bleibt oder mit wachsender Berufserfahrung sogar noch zunimmt. Dies ist meiner Ansicht nach eine der Grundvoraussetzungen dafür, daß wir uns der Verantwortung, die wir mit unserer Tätigkeit auf uns nehmen (müssen), stets bewußt bleiben. Es ist deshalb ausdrücklich zu unterstreichen, was die Verfasser der Deutschen Richtlinien unter dem Stichwort "Allgemeine Grundsätze für die Arbeit des Psychologen" ausführen:

> "Der Psychologe bemüht sich bei seiner Berufstätigkeit in Forschung, Lehre und Praxis - im Interesse der Menschen, mit denen er es zu tun hat, und im Interesse des Fortschritts seiner Wissenschaft - um ein hohes Niveau seiner Arbeit. Infolge der raschen Entwicklung der Psychologie erwächst ihm die besondere Verpflichtung, sich fortzubilden und auf eine wechselseitige Befruchtung von Grundlagenforschung und Praxis hinzuwirken".

So vorbehaltlos wir diesen Forderungen sicher zustimmen, so genau wissen wir alle aber wohl auch, wie schwierig - wenn nicht sogar unmöglich - es ist, diese Verpflichtungen tatsächlich zu erfüllen. Wir müssen realistischerweise anerkennen, daß es uns höchstens in einem engen Teilgebiet unserer Wissenschaft möglich ist, einigermaßen über den neuesten Stand der Forschung informiert zu sein. Angesichts der langen, oft mühsamen Ausbildung in einer therapeutischen Methode ist es uns letztlich unmöglich, uns wirklich "derjenigen Arbeitstechnik zu bedienen, die nach dem jeweiligen Stand der Wissenschaft als am besten begründet gelten kann", wie es in den Deutschen Richtlinien heißt. Wir würden es uns indes zu einfach machen, wenn wir uns darauf beriefen, daß wir die Weiterbildung unseren Möglichkeiten entsprechend betrieben, oder wenn wir angesichts der Flut von neuen Erkenntnissen und Methoden resignierten und uns darauf beschränkten, am früher einmal Gelernten festzuhalten und höchstens dies noch zu perfektionieren. Wir müssen vielmehr zugeben, daß wir der Verpflichtung, uns umfassend weiterzubilden,letztlich nie ganz gerecht zu werden vermögen.

Man kann sich fragen, ob sich diesen Problemen begegnen ließe, indem obligatorische Fortbildungsveranstaltungen (zum Beispiel ähnlich der Continuing Medical Education in den USA) angeboten würden, die von allen praktizierenden Psychologen jährlich absolviert werden müßten. Eine derartige Post-Graduate-Ausbildung böte die Gewähr, daß das früher erworbene Wissen präsent bliebe.

Außerdem erleichterte ein solches Vorgehen sicher eine relativ schnelle Verbreitung neuer Erkenntnisse unter einer großen Zahl von Psychologen. Schließlich könnte es auf diese Weise zu einem fruchtbaren Austausch zwischen Theorie und Praxis kommen. Diesen positiven Aspekten obligatorischer Forbildungsveranstaltungen steht allerdings gegenüber, daß es ein ethisch keineswegs unproblematischer Eingriff in die persönliche Freiheit der Psychologen wäre, wenn sie gezwungen würden, regelmäßig an derartigen Veranstaltungen teilzunehmen.

Sicherlich kann man einem solchen Argument entgegenhalten, der Psychologe müsse angesichts des großen Einflusses, den er durch seine Tätigkeit auf andere Menschen ausübe, zu solchen Kontrollen bereit sein. Auch mag man einwenden, daß es eine berufsethische Verpflichtung sei, sich umfassend weiterzubilden, und daß eine - teilweise - Einschränkung der persönlichen Freiheit in Gestalt einer obligatorischen Fortbildung ja nur den beruflichen Sektor betreffe, in dem der Psychologe in der Öffentlichkeit tätig wird. Obgleich mir solche Überlegungen berechtigt erscheinen, sehe ich in der Verpflichtung zur Teilnahme an Weiterbildungsveranstaltungen noch eine andere Gefahr: es wäre meiner Ansicht nach verhängnisvoll, wenn die persönliche Verantwortung durch eine "offizielle Regelung" ersetzt würde. Der Wissensstand von Psychologen, die zu einer obligatorischen Fortbildung verpflichtet wären, könnte - vielleicht? - ein höherer sein als bisher. Die negative Konsequenz könnte aber darin bestehen, daß der Einzelne noch weniger als bisher seine persönliche Verantwortung als subjektiv notwendige bewußt wahrnähme. Es bestände die Gefahr, daß auf diese Weise eine Berufshaltung gefördert würde, die sich als im Auftrag "anderer" handelnd verstände und die eigene Verantwortung weitgehend ausklammerte.

8. Schlußwort

Die Psychologie hat heute in nahezu alle Lebensbereiche Eingang gefunden. Das Spektrum psychologischer Tätigkeiten reicht von der Forschung über die diagnostische und therapeutische Arbeit bis hin zum Einsatz von Psychologen in den verschiedensten Institutionen und Gremien. Eine solche Ausweitung hat zur Folge, daß der Psychologe heute große Möglichkeiten besitzt, Einfluß auf andere Menschen auszuüben, und sich oft schwierigen Entscheidungen gegenübersieht. Angesichts dieser Situation erscheint es mir außerordentlich wichtig, daß wir die ethischen Implikationen unseres psychologischen Handelns einer sorgfältigen Reflexion unterziehen.

Das vorliegende Buch hat vor allem zwei Ziele: Das erste besteht darin, die zumindest im deutschsprachigen Bereich kaum geführte Diskussion um die ethischen Probleme in der Psychologie anzuregen. Ich hoffe, daß es mir gelungen ist aufzuzeigen, wie vielfältig diese Probleme sind und in welchem Dilemma wir uns ihnen gegenüber oft befinden. Das zweite Ziel, das ich mit der Veröffentlichung meiner Überlegungen verfolge, ist, deutlich zu machen, daß die ethischen Probleme in der Psychologie oft subtiler Art sind und sich der Aufmerksamkeit entziehen, wenn wir unser Augenmerk nicht ausdrücklich auf sie lenken.

Bei einer Diskussion der ethischen Implikationen unseres psychologischen Handelns müssen wir uns darüber klar sein - und die von mir angeführten Beispiele sollten dies veranschaulichen -, daß in vielen Fällen keine allgemein befriedigende Lösung zu finden ist. Wir stehen oftmals in einem unlösbaren ethischen Konflikt. Wichtig erscheint mir dabei, daß wir uns dieses Problems bewußt sind und uns ihm stellen. Wir müssen unsere Tätigkeit im Wissen darum ausüben, daß wir diesen Konflikten nicht ausweichen können und in einem existentiellen Sinne immer wieder schuldig werden.

Es wäre verhängnisvoll, wenn die große Entwicklung, die unsere Wissenschaft in den vergangenen Jahrzehnten durchlaufen hat, sich dahingehend auswirkte, daß wir - fasziniert von den vielen Möglichkeiten, unser Wissen einzusetzen - darüber den Menschen, um den es doch in der Psychologie geht, vergäßen. Stets sollen wir uns unserer Verantwortung jedem einzelnen Menschen gegenüber bewußt sein, mit dem wir beruflich zusammentreffen. Er hat ein Recht darauf, von uns als Mitmensch angesprochen und behandelt zu werden, und er sollte für uns niemals zum "Fall" werden, den wir willkürlich manipulieren.

Wenn wir unsere psychologische Tätigkeit vor einem solchen anthropologischen Hintergrund ausüben und stets hellhörig für die ethischen Fragen bleiben, wird es uns am ehesten gelingen, unsere Wissenschaft so einzusetzen, daß sie ihre eigentliche Aufgabe erfüllt: nämlich zum besseren Verständnis des Menschen beizutragen und dort Hilfe zu leisten, wo psychische Not herrscht.

Anhang:

Die ethischen Richtlinien der Deutschen und Schweizer Psychologenvereinigungen

BERUFSETHISCHE VERPFLICHTUNGEN FÜR PSYCHOLOGEN

BERUFSVERBAND DEUTSCHER PSYCHOLOGEN e.V.

Vorbemerkungen zu den "Berufsethischen Verpflichtungen für Psychologen"

1. Die Entstehungsgeschichte der vorliegenden Fassung

Der vorliegende Entwurf der "Berufsethischen Verpflichtungen" ist aus verschiedenen Arbeitsphasen hervorgegangen. Nach der Ablehnung einer ersten, für zu kurz und zu unbestimmt befundenen Fassung sollte eine ausführlicher gehaltene unter Mitwirkung der BDP-Sektionen von einer Kommission erarbeitet werden.

a) Aus den verschiedenen Arbeitsbereichen praktischer Psychologie wurde zunächst je ein Fachmann gebeten, einige Fragen zu formulieren, wie sie sich dem Praktiker in typischen berufsethisch konflikthaltigen Situationen aufdrängen.

b) Diese beispielhaften Fragen wurden den jeweiligen Sektionen als Diskussionsanreiz übermittelt. Jede Sektion sollte - für ihr Arbeitsgebiet möglichst vollständig - die in der Praxis erfahrungsgemäß auftauchenden Konfliktmomente zusammenstellen und sich dazu äußern, wie, welchen Prinzipien gemäß, der Psychologe sich in diesen Konflikten entscheiden sollte.

c) Die Äußerungen der Sektionen wurden unter einem vorläufigen Gliederungsschema rubriziert und - in einer Interimsfassung - an verschiedenste BDP-Instanzen mit der Bitte um detaillierte kritische Stellungnahme übersandt.

d) Auf der Grundlage der daraufhin eingesandten Äußerungen konzipierte die Kommission eine detaillierte Gliederung und unterzog den Kodex-Gehalt einer neuerlichen gründlichen Bearbeitung.

e) Jetzt wurden die berufsethischen Kodizes verschiedener ausländischer Psychologen-Verbände herangezogen, vor allem derjenigen der APA in der im "American Psychologist" 1963, Bd. 18, S. 56-60, veröffentlichten Fassung. Ihnen konnten noch viele wertvolle Gesichtspunkte entnommen werden, die in den bisher geschilderten Arbeitsgängen außer Betracht gelassen worden waren.

f) Der auf diese Weise gewonnene Entwurf wurde den Ordinarien für Psychologie in Deutschland, Österreich und der Schweiz mit der Bitte um kritische Stellungnahme übermittelt. Unter möglichst weitgehender Berücksichtigung der geäußerten Einwendungen und Verbesserungsvorschläge wurde er sodann von der Kommission nochmals umgearbeitet.

g) Die Vorstände der DGfPs und des BDP gaben ihre Zustimmung zur Veröffentlichung dieses umgearbeiteten Entwurfs als einer vorläufigen Fassung der "Berufsethischen Verpflichtungen für Psychologen".

h) Die Einholung von juristischem Rat bei Herrn Oberlandesgerichtsrat Dr. Günter Blau führte zu einigen aus rechtlichen Gründen erforderlichen Umformulierungen.

2. Beziehung der "Berufsethischen Verpflichtungen" zu anderen relevanten Normen

Mit "Psychologe" ist im folgenden jeder Diplom-Psychologe bzw. jeder im Hauptfach Psychologie Promovierte gemeint, der in seiner Berufsausübung als Psychologe gilt oder der jedenfalls beruflich in einer Weise tätig ist, wie dies für Personen der genannten Qualifikationen charakteristisch ist.

Der Psychologe wird sich in seinem Verhalten im Beruf ohnehin von verschiedensten normativen Kodizes bestimmen lassen: von allgemeinen und spezielleren rechtlichen Bestimmungen, von Regeln des Anstandes und der Sitte, auch von sehr speziellen, für ihn bereits geschaffenen oder geplanten Empfehlungen und Orientierungshilfen wie der Gebührenordnung, den Richtlinien des Testkuratoriums, der Ehrengerichtsordnung, dem Merkblatt über die Rechtslage zur Schweigepflicht. Die nachfolgend zusammengestellten "Berufsethischen Verpflichtungen" beschränken sich nicht auf solche Bestimmungen, die in anderen Kodizes nicht enthalten sind. Sie beanspruchen aber auch nicht, sämtliche Bestimmungen in sich aufzunehmen, die das berufsmäßige Verhalten des Psychologen regeln. Es wurde vielmehr eine gleichsam pragmatische, zweckmäßig erscheinende Auswahl von Regeln in diesem Kodex vereint, problematische Situationen betreffend, wie sie sich in typischer psychologischer Berufsausübung relativ häufig ergeben. Wo es möglich ist, wird auf spezielle andernorts kodifizierte Regelungen ausdrücklich verwiesen.

3. Aufgaben der "Berufsethischen Verpflichtungen für Psychologen"

Die "Berufsethischen Verpflichtungen für Psychologen" können verschiedene Funktionen erfüllen:

a) In erster Linie sollen sie dem in Praxis, Lehre und Forschung tätigen Psychologen - teils auch schon dem Studierenden der Psychologie - als Richtschnur für sein Handeln dienen. Insbesondere sollen sie erkennen lassen, welche Entscheidungen der Berufsstand vom einzelnen Psychologen erwartet, wenn er in seiner Berufsausübung in problematische, ihn vor Konflikte stellende Situationen gerät.

b) Daneben mögen die "Berufsethischen Verpflichtungen" dazu beitragen, in der breiteren Öffentlichkeit ein zuverlässiges Bild vom Berufsstand des Psychologen entstehen zu lassen wie auch dementsprechende Maßstäbe für die Einschätzung verschiedenster als "psychologisch" ausgegebener Tätigkeiten.

c) Speziell allen Instanzen, die sich des Psychologen für ihre besonderen Zwecke bedienen oder bedienen möchten, können die "Berufsethischen Verpflichtungen" eine gültige Orientierung darüber vermitteln, wie der Psychologe seinen Beruf auffaßt. Je besser solche Instanzen erkennen und verstehen lernen, welchen Prinzipien der Psychologe sich in seiner Berufsausübung verpflichtet weiß, um so weniger wird der Psychologe schließlich mit Zumutungen konfrontiert werden, die ihn in Konflikte bringen, um so eher wird er unangefochten seiner eigenen Berufsauffassung gemäß arbeiten können.

4. Das Verhältnis der "Berufsethischen Verpflichtungen" zu tatsächlich geschehender, üblicher psychologischer Berufsausübung

Wollten "Berufsethische Verpflichtungen für Psychologen" versuchen, sich ganz und gar der geschehenden Praxis psychologischer Berufsausübung anzupassen und diese insgesamt zu sanktionieren, könnten sie zweifellos nie zustande kommen. Gerade wenn bedacht und berücksichtigt wird, daß ein solcher Kodex verschiedene Aufgaben zu erfüllen hat, wird klar, daß er - mindestens teilweise - Normen für die Zukunft schaffen helfen muß. Der Berufsstand des Psychologen ist noch in Entwicklung begriffen; das Bild, das in der Gesellschaft von ihm besteht, ist noch sehr undeutlich und uneinheitlich. Die Konstituierung eines Kodex "Berufsethische Verpflichtungen für Psychologen" birgt daher immense Schwierigkeiten in sich. Ihnen wird nur dadurch zu begegnen sein, daß man sich auf eine allmähliche, langfristige Evolution des Kodex einstellt: Diese erste Fassung des Kodex sollte von vornherein als modifikationsbedürftig, als eine zur Erprobung dienende Grundlage für seinen weiteren Ausbau und für seine Verbesserung angesehen werden. Es mag sich durchaus herausstellen, daß manche Aspekte psychologischer Berufsausübung in dieser ersten Fassung noch keine adäquate Berücksichtigung erfahren haben. Die Entwicklung dieses Kodex wird um so schneller und wirksamer vorankommen, je mehr sich die Psychologenschaft an dieser Aufgabe aktiv beteiligt.

5. Formale Erläuterungen

a) Man wird nicht erwarten dürfen, daß die sprachlich-begriffliche Formulierung der "Berufsethischen Verpflichtungen" einen Grad der Präzision erreicht, der keinerlei Wünsche offen läßt. In der gebotenen Kürze kann vieles nur andeutungsweise ausgesagt werden, so daß es für den gutwillig Orientierung Suchenden ausreichend bestimmt ist. Diese Bestimmtheit ergibt sich oft aus dem Zusammenhang, nicht schon aus vereinzelt genommenen Begriffen. - Auch Gesetze müssen im Zusammenhang gelesen werden und bedürfen der Kommentare.

b) Kommentarähnliche Konkretisierungen durch Beispiele hätten den Umfang des Kodex wesentlich erweitern müssen und ihn damit wahrscheinlich zu unhandlich gemacht. Immerhin bilden Abstufungen des Abstraktheits- bzw. Konkretheitsgrades der Prinzipien ein wesentliches Gliederungsmoment der vorliegenden Fassung: Allgemeinste, nahezu jede Art psychologischer Berufsausübung betreffende Grundsätze wurden in einem ersten Teil zusammengestellt; speziellere, jeweils für bestimmte Tätigkeitsbereiche relevante Prinzipien machen den zweiten Teil aus. Auch innerhalb der Abschnitte beider Teile wurden jeweils einige Sätze von allgemeinerer Gültigkeit vorangestellt und die Aufzählungen konkretisierender, relativ spezieller Leitsätze angeschlossen.

BERUFSETHISCHE VERPFLICHTUNGEN FÜR PSYCHOLOGEN

A) Allgemeine Grundsätze

I. Grundhaltung in der psychologischen Berufsausübung

Der Psychologe achtet die Würde und den Wert des Individuums; er berücksichtigt, daß alle Menschen in gleicher Weise Anspruch auf diese Achtung haben. Der Psychologe respektiert das Recht jedes Menschen, in eigener Verantwortung nach seinen Überzeugungen zu leben.

In jeder beruflichen Tätigkeit ist er auf das Wohl der Menschen bedacht, die von seiner Berufsausübung betroffen werden; er weiß sich dem Dienst am Individuum und an der Gesellschaft, in der er lebt, verpflichtet.

Der Psychologe beansprucht für sich Freiheit der Forschung und der Kommunikation, bleibt sich dabei aber stets der Verantwortung bewußt, die diese Freiheiten ihm auferlegen hinsichtlich der Lauterkeit seiner Ziele und der Qualität seiner Arbeit.

Der Psychologe nimmt keine Aufträge entgegen, die gegen diese grundlegenden Maximen verstoßen; er achtet darauf, daß seine Dienste nicht von anderen in einer Weise ausgenutzt werden, die gegen diese Maximen verstößt.

II. Allgemeine Grundsätze für die Arbeit des Psychologen

Der Psychologe bemüht sich bei seiner Berufstätigkeit in Forschung, Lehre und Praxis - im Interesse der Menschen, mit denen er es zu tun hat, und im Interesse des Fortschritts seiner Wissenschaft - um ein hohes Niveau seiner Arbeit. Infolge der raschen Entwicklung der Psychologie erwächst ihm die besondere Verpflichtung, sich fortzubilden und auf eine wechselseitige Befruchtung von Grundlagenforschung und Praxis hinzuwirken.

Die spezifischen Schwierigkeiten der Verifikation vieler psychologischer Aussagen erhöhen die Verantwortung des Psychologen und bestärken ihn in seinem Bemühen um eine solide Fundierung seiner Arbeit.

Der Psychologe ist sich stets auch der besonderen Verantwortung bewußt, die sich daraus ergibt, daß psychologische Berufstätigkeit oftmals dazu geeignet ist, auf das Leben anderer Menschen besonders unvermittelt und nachhaltig einzuwirken.

a) Der Psychologe läßt sich bei seiner Arbeit nur von sachlichen Gesichtspunkten leiten, nicht von solchen unsachgemäßer persönlicher Wertung wie Sympathie o.ä.

b) Der Psychologe bedenkt und berücksichtigt in seiner Arbeit die Grenzen seiner Arbeitsmittel und seiner eigenen Kompetenz.

c) Der Psychologe ist stets bestrebt, sich derjenigen Arbeitstechniken zu bedienen, die nach dem jeweiligen Stand der Wissenschaft als am besten begründet gelten können.

d) Im Dienste einer bestmöglichen Lösung der ihm gestellten Aufgaben ist der Psychologe auf die Zusammenarbeit mit Fachleuten seines Arbeitsgebietes und angrenzender Fachbereiche bedacht, speziell wenn er die Begrenztheit seiner eigenen Kompetenz erkennen muß.

e) Der Psychologe trägt dafür Sorge, daß die äußeren Arbeitsbedingungen den Anforderungen genügen, die an eine fachgerechte Berufsausübung gestellt werden müssen.

f) Psychologische Tätigkeiten wie Diagnostizieren, individuellspezifisches Beraten, Behandeln, die nur im Rahmen einer individuellen beruflichen Beziehung zum Klienten ausgeübt werden sollten, wird der Psychologe nicht auf dem Wege über Publikationsorgane wie Tages- und Wochenpresse, Rundfunk, Fernsehen usw., auch nicht auf dem Wege nur brieflicher Kontakte ausüben.

g) Der Psychologe wird im Interesse der Verbesserung seiner Arbeitsweise und seiner Arbeitsgrundlagen darum bemüht sein, den Erfolg seiner Tätigkeit nach Möglichkeit zu kontrollieren bzw. kontrollieren zu lassen.

h) Der Psychologe hilft die inkompetente Ausübung psychologischer oder als solche ausgegebener Tätigkeiten zu unterbinden. Erfährt er auf irgendeine Weise von der Berufsausübung eines Kollegen, die nicht den Grundsätzen dieses Kodex entspricht, wird er zunächst selbständig versuchen, darauf hinzuwirken, daß dies abgestellt wird; sofern das auf informelle Weise nicht möglich ist, sind die dafür vorzusehenden Instanzen der Psychologen-Vereinigungen auf die Übelstände hinzuweisen. Auch die unsachgemäße Ausübung einer als psychologisch ausgegebenen Tätigkeit durch Nicht-Psychologen ist diesen Instanzen zur Kenntnis zu bringen. (Die von diesen Instanzen gegebenenfalls zu treffenden Maßnahmen sind noch festzulegen.)

III. Allgemeine Grundsätze für die Kommunikation des Psychologen

Der Psychologe ist verpflichtet, über alle Informationen, die ihm in seiner Berufstätigkeit über andere Menschen zugehen, Verschwiegenheit zu bewahren. Nur unter besonderen Umständen kann diese Verpflichtung eingeschränkt werden, und dies auch lediglich im geringstmöglichen, sachlich gebotenen Ausmaß (vgl. dazu das "Merkblatt über die Rechtslage zur Schweigepflicht").

a) Vor Beginn seiner beruflichen Tätigkeit wird der Psychologe alle dabei beteiligten Instanzen auf seine Verpflichtung zur Verschwiegenheit und auf deren jeweilige Einschränkungen hinweisen, sofern diese Beteiligten nicht schon als entsprechend informiert gelten können.

b) Der Psychologe verpflichtet alle Personen zu entsprechender Verschwiegenheit, die ihn in seiner Arbeit unterstützen und dabei Zugang zu Informationen bekommen, die der Verschwiegenheit unterliegen.

c) Einschränkungen erfährt die Verschwiegenheitspflicht - nach Maßgabe der einschlägigen juristischen Bestimmungen - in Fällen unmittelbarer schwerer Gefahr für den Betroffenen oder für andere Menschen.

d) Sofern es zur Aufgabe des Psychologen gehört, über einen Menschen in irgendeiner Weise zu berichten oder sich gutachtlich über ihn zu äußern, hat sich der Psychologe vor Beginn der Informationsbeschaffung zu vergewissern, daß dieser Mensch (bzw. die für ihn verantwortlichen Personen) sich über die damit verbundene Einschränkung der Verschwiegenheit und ihre Konsequenzen im klaren ist.

e) Sofern es das Wohl eines Menschen notwendig macht, darf der Psychologe mit Fachkollegen oder mit kompetenten Fachleuten anderer Arbeitsgebiete über diesen Menschen in Gedankenaustausch treten. Solche Kommunikationen haben sich auf das fachlich nötige Ausmaß zu beschränken. Unbedingte Voraussetzung dabei ist, daß Verschwiegenheit gegenüber allen Personen gewährleistet ist, die vom verantwortlichen Psychologen nicht ausdrücklich einbezogen wurden.

   In vielen Fällen wird es das besondere Vertrauensverhältnis zu einem Menschen erfordern, daß sich der Psychologe von seiner Verschwiegenheitsverpflichtung in entsprechendem Umfang entbinden läßt, ehe er mit Dritten in fachliche Kommunikation tritt.

f) Die unmittelbar aus diagnostischen oder ähnlichen Untersuchungen stammenden Unterlagen sollen in der Regel - unter Einhaltung der zuvor genannten Verschwiegenheits-Grundsätze - nur anderen Psychologen zugänglich gemacht werden. Gegebenenfalls kann damit aber auch im Sinne der Bestimmungen des vorigen Punktes (e) verfahren werden.

g) Der Psychologe hat dafür Sorge zu tragen, daß alle Unterlagen, die vertrauliche Informationen enthalten, so aufbewahrt werden, daß sie nicht in unbefugte Hände geraten können. Das gilt speziell auch für den Fall, daß der Psychologe aus irgendwelchen Gründen - zeitweilig oder für immer - aufhört, seine Berufstätigkeit auszuüben.

h) Bei allen Publikationen sind die veröffentlichten Daten soweit zu modifizieren, daß sie keine die Identifizierung der betroffenen Personen ermöglichenden Hinweise enthalten, es sei denn, die betroffenen Personen hätten sich ausdrücklich damit einverstanden erklärt, daß ihre Identität erkennbar bleibt. Bei unmündigen Personen ist diese Entscheidung von den für sie verantwortlichen Vertretern zu treffen.

i) Von Kollegen oder anderen Fachleuten stammende, einen bestimmten Menschen betreffende Aussagen dürfen diesem nur dann offenbart werden, wenn die Urheber jener Aussagen ausdrücklich ihre Einwilligung dazu gegeben haben.

B) Spezielle Grundsätze

I. <u>Grundsätze für die Beziehung zum Klienten</u>

Mit Klient soll hier jede Person gemeint sein, zu der der Psychologe in einer Einzel- oder Gruppensituation unmittelbar Kontakt aufnimmt im Verlaufe einer Untersuchung, einer Beratung oder einer psychologischen Behandlung. - Die Beziehungen des Psychologen zum Probanden ("Versuchsperson") im Rahmen wissenschaftlicher Untersuchungen (Näheres darüber unter B, III) können unter manchen Umständen denen zum Klienten in wesentlichen Aspekten entsprechen oder nahekommen.

In der Beziehung zum Klienten nimmt der Psychologe durch seine Untersuchungsmittel wie auch durch die Methoden seiner psychologischen Einflußnahme besonders engen Kontakt zum Leben anderer Menschen auf. Aus dieser Tatsache erwächst dem Psychologen eine spezifische Verantwortung, die ihn in allen seinen Handlungen dem Klienten gegenüber bestimmt.

a) Sofern im Hintergrund der Beziehung des Psychologen zum Klienten andere Instanzen mit ihren Interessen stehen (beispielsweise irgendwelche Auftraggeber), entscheidet der Psychologe vor der Aufnahme der Klientenbeziehung, welche Haltung er einzunehmen gedenkt, falls er in Interessenkonflikte geraten sollte; über diese Haltung informiert er alle beteiligten Instanzen und den Klienten.

   Sollte es für den Psychologen zu einem Konflikt kommen zwischen seiner Verantwortung dem Klienten gegenüber und berufsständischen Interessen, hat das Wohl des Klienten Vorrang.

b) Der Psychologe weist jeden prospektiven Klienten - gegebenenfalls auch dessen gesetzlichen Vertreter - auf die Implikationen der Klientenbeziehungen hin, die diesen in seinem Entschluß zur Aufnahme einer solchen Beziehung beeinflussen könnten; beispielsweise auf die Möglichkeiten und Grenzen seiner Arbeit mit dem Klienten, auf eventuelle Einschränkungen der Verschwiegenheitspflicht, auf die zu erwartenden Honorarforderungen u.ä.

   Die Verpflichtung, den Klienten vorweg auf alle wesentlichen Implikationen der Beziehung zu ihm hinzuweisen, besteht auch im Falle duldungspflichtiger Untersuchungen, etwa in der forensisch-psychologischen Praxis (vgl. dazu das "Merkblatt über die Rechtslage zur Schweigepflicht").

c) Für die Honorarforderungen gegenüber Klienten soll sich der Psychologe an die Empfehlungen der Gebührenordnung halten. Er wird angemessene Honorarforderungen seiner Kollegen nicht zu unterbieten versuchen; im Ausnahmefall wird er aber auch dazu bereit sein, finanziell schlecht gestellten Klienten Dienste zu leisten, ohne dafür Honorarforderungen zu stellen.

d) Um beiderseits der Entstehung belastender Rollenkonflikte vorzubeugen, wird der Psychologe im allgemeinen keine Klientenbeziehungen innerhalb seiner Familie oder seines Freundes- oder engeren Bekanntenkreises eingehen.

e) Der Psychologe darf die Klientenbeziehung nicht für irgendwelche eigenen persönlichen Interessen ausnutzen.

f) Sofern es die Umstände erlauben, wird der Psychologe in jeder Klientenbeziehung darauf achten, ob problematische Persönlichkeitsbezüge offenbar werden, die zwar nicht unmittelbar Gegenstand dieser Klientenbeziehung sein mögen, hinsichtlich deren der Klient jedoch in offensichtlicher Weise hilfsbedürftig ist; gegebenenfalls wird der Psychologe den Klienten auf entsprechende Hilfsmöglichkeiten aufmerksam machen.

g) Beabsichtigt der Psychologe, Einweg-Scheiben oder ähnliche Beobachtungsmittel zu verwenden bzw. Tonband- oder Filmaufnahmen herzustellen, hat er den Klienten vorweg um sein Einverständnis zu fragen. Im Falle von Personen, die nicht selbstverantwortlich für sich entscheiden können (beispielsweise bei jüngeren Kindern), sind die entsprechenden Verantwortlichen zu fragen (bei älteren Minderjährigen sind sowohl sie selbst als auch die gesetzlichen Vertreter zu fragen).

h) Wenn es für den Psychologen hinreichend klar ist, daß die Aufrechterhaltung einer Beziehung zum Klienten für diesen selbst keinen weiteren Nutzen haben würde, hat der Psychologe die Beziehung zu beenden.
Insbesondere wenn der Psychologe erkennt, daß eigene Persönlichkeitsprobleme die Beziehung zu einem Klienten nachhaltig und irreversibel zu beeinträchtigen drohen, wird er diese Beziehung unverzüglich abbrechen, nachdem er sich wirksam darum bemüht hat, dem Klienten auf andere Weise Hilfe zukommen zu lassen.

i) Sofern ein Klient der Obhut eines Kollegen oder eines anderen Fachmannes anvertraut werden soll, ist die Beziehung zu diesem Klienten nicht eher abzubrechen, als bis sichergestellt ist, daß von dem nachfolgenden Betreuer die Verantwortung für ihn übernommen worden ist.

j) Der Psychologe sollte die Ergebnisse einer Untersuchung dem Klienten in angemessener Form bekanntmachen, sofern dieser es wünscht. Falls die besondere Art des Auftrags dies von vornherein ausschließt (bei Ausleseuntersuchungen z.B.), muß der Klient vorweg davon in Kenntnis gesetzt worden sein (vgl. B, I, b).

k) Die Mitteilung von Untersuchungsergebnissen an den Klienten selbst oder mit seinem Einverständnis an Dritte hat in einer Weise zu erfolgen, die unangemessenes Ausdeuten dieser Mitteilung ausschließt, so gut es irgend möglich ist.

II. Grundsätze für die Beziehung zum Auftraggeber

Der Psychologe wird mit den Personen oder Institutionen, in deren Dienst er steht, von vornherein zu einer klaren Abgrenzung der Verantwortlichkeiten zu gelangen suchen; insbesondere wird er seine Auftraggeber darauf hinweisen, welche Haltung er einzunehmen beabsichtigt, falls ihn seine auftragsgemäße Berufsausübung in Interessenkonflikte bringen sollte.

a) Der Psychologe lehnt Aufträge ab, die ihm ein nicht fachgerechtes oder sonstigen Grundsätzen der berufsethischen Verpflichtungen zuwiderlaufendes Arbeiten abverlangen würden. Er informiert den Auftraggeber darüber, um welcher Gründe willen er für derartige Aufträge die Verantwortung nicht übernehmen kann.

b) Der Psychologe informiert die Personen bzw. Institutionen, in deren Auftrag er tätig werden soll, von vornherein über die Möglichkeiten und Grenzen der ihm zur Verfügung stehenden Arbeitsmethoden.

c) Die Ergebnisse auftragsgemäßer Untersuchungen sind nur in den für den Auftrag relevanten Ausschnitten weiterzugeben und nur in einer Form, die unangemessenes Ausdeuten oder Verwenden der Ergebnisse ausschließt.

III. Grundsätze für die Forschungstätigkeit

Psychologische Forschungstätigkeit hat hinsichtlich ihrer Absichten wie ihrer Methoden bestimmte Grenzen einzuhalten. Diese Begrenzungen ergeben sich aus der Notwendigkeit der Rücksichtnahme auf die Menschen (gegebenenfalls auch auf die Tiere), an denen sich die Forschung abspielt.

a) In jeder Forschungstätigkeit, grundwissenschaftlicher wie angewandt-psychologischer, wird sich der Psychologe bei der Planung und Durchführung seiner Untersuchungen von den jeweils problemangemessenen Prinzipien wissenschaftlicher Methodologie leiten lassen.

b) Die Planung grundwissenschaftlicher wie angewandt-psychologischer Untersuchungen hat insbesondere so zu erfolgen, daß die Möglichkeiten zu unangemessenen, irreführenden Interpretationen der Ergebnisse so gering wie möglich gehalten wird.

c) Der Psychologe sucht bei der Planung und Durchführung von Untersuchungen alle Bedingungen auszuschließen, aus denen sich schädliche Nachwirkungen bei den Probanden ergeben könnten. Entschließt sich der Psychologe aus gewichtigen Gründen dennoch, Forschungen durchzuführen, bei denen die Möglichkeit gewisser schädlicher Nachwirkungen offenbleibt, hat er die vorgesehenen Probanden ausdrücklich auf diese Möglichkeit hinzuweisen und sie nur dann in Anspruch zu nehmen, wenn sie ausdrücklich und in aller Freiheit ihre Bereitschaft erklärt haben, dieses Risiko einzugehen.

d) Den Probanden körperlich oder seelisch aktuell belastende Situationen dürfen in der Forschung nur dann herbeigeführt werden, wenn es sich um wichtige wissenschaftliche Probleme handelt, die auf andere Art und Weise nicht untersucht werden können, und unter der Voraussetzung, daß der Proband gewillt ist, sich solchen Belastungen zu unterziehen. Die Belastungen dürfen die Würde der Person nicht verletzen, sie müssen sich in einem verantwortbaren Ausmaß halten und dürfen nur unter Einhaltung aller möglichen Vorsichtsmaßregeln eingeführt werden.

e) Soll ein Proband während einer Untersuchung in nicht offensichtlicher Weise beobachtet werden (beispielsweise mit Hilfe von Einweg-Scheiben oder ähnlichen Einrichtungen) bzw. sollen von seinem Verhalten photographische oder phonographische Aufnahmen fixiert werden, so ist der Proband vorher von dieser Absicht in Kenntnis zu setzen, und es ist sein Einverständnis einzuholen.
Von diesem Prinzip darf nur dann abgewichen werden, wenn die Untersuchung wissenschaftlich bedeutsamer Fragestellungen dies unumgänglich notwendig macht. In letztgenanntem Fall ist der Proband jedoch so bald wie möglich darüber aufzuklären, daß und in welcher Weise sein Verhalten beobachtet bzw. registriert wurde. Er ist befugt, die Registrierung annullieren zu lassen, falls er sie auch nach Darlegung der Gründe ihrer wissenschaftlichen Notwendigkeit nicht billigt. Im Falle von Personen, die diesbezügliche Entscheidungen nicht selbstverantwortlich treffen können, sind die entsprechenden Vereinbarungen mit den Verantwortlichen herbeizuführen.

f) Der Psychologe wird berücksichtigen, daß seine Beziehung zum Probanden von diesem aus gesehen unter Umständen als Klientenbeziehung aufgefaßt werden kann bzw. sich unbeabsichtigt zu einer solchen hin entwickeln kann; in diesem Falle werden die unter B, I aufgeführten Gesichtspunkte maßgebend.

g) Beim Umgang mit Tieren in psychologischer Forschungstätigkeit sind die allgemeinen Bestimmungen des Tierschutzgesetzes zu beachten; für Versuche, die das Tier erheblich zu beeinträchtigen geeignet sind, insbesondere die §§ 5 bis 8. Die letztgenannte Art von Versuchen bedarf stets der Genehmigung durch die zuständige oberste Landesveterinärbehörde.

h) Bei der Auswertung von Untersuchungsdaten darf nichts ausgelassen oder verschleiert werden, was die Ergebnisse der Untersuchung oder ihre Interpretation modifizieren würde.

IV. Grundsätze für Lehrtätigkeit und Publikation

Als Lehrgegenstand weist die Psychologie einige Besonderheiten auf, die der Psychologe in jeder Art von Lehrtätigkeit, gegebenenfalls auch bei publizistischer Tätigkeit zu berücksichtigen hat:

Erfahrungsgemäß begegnen viele Menschen bestimmten Problembereichen der Psychologie mit besonderem Interesse. Der Psychologe sollte der Versuchung widerstehen, ein auf Sensationelles gerichtetes Interesse auszunutzen.

Informationen über einige Problembereiche der Psychologie bergen die Gefahr in sich, daß manche Menschen entweder selbst durch sie beunruhigt werden, sofern sie sie auf sich beziehen, oder aber bei anderen damit Beunruhigung hervorrufen. Dieser Gefahr wird der Psychologe in aller Art Lehrtätigkeit Rechnung tragen.

Bei allem intensiven Interesse, das die Öffentlichkeit manchen Fragen der Psychologie entgegenbringt, fehlen dem Nichtfachmann weithin die Maßstäbe zu kritischer Beurteilung psychologischer Aussagen. Das verpflichtet den Psychologen um so mehr, in seinen Verlautbarungen zurückhaltend und vorsichtig zu bleiben.

Viele psychologische - insbesondere psychodiagnostische - Untersuchungsverfahren, deren fachgerechte Ausarbeitung einen großen Arbeitsaufwand erfordert, würden durch ein breiteres Bekanntwerden ihres Sinnes und ihrer Wirksamkeit entkleidet werden. Auf diesen Umstand wird der Psychologe in aller Lehrtätigkeit wie auch in seinen Publikationen Rücksicht nehmen.

a) Der Psychologe wird die Privatsphäre der Menschen, mit denen er es als Lehrender zu tun hat, respektieren. Sofern es die besondere Natur bestimmter psychologischer Lehrveranstaltungen unabwendbar mit sich bringt, daß der Lehrende nähere Kenntnis aus der persönlichen Sphäre des Studierenden erhält, wird er diese Informationen nicht anderweitig - insbesondere nicht zum Nachteil dieses Studierenden - verwenden. Sofern der Psychologe auf diesem Wege zu dem Eindruck gelangt, ein Studierender sei persönlicher Probleme wegen der Hilfe bedürftig, wird er zu entscheiden haben, ob der Studierende auf entsprechende Hilfsmöglichkeiten hinzuweisen ist.

b) Die in übungsweiser Anwendung psychodiagnostischer Verfahren gewonnenen Informationen über Studierende hat der Psychologe vor unsachgemäßer und außerhalb der Ausbildungszwecke liegender Verwendung zu bewahren.

c) Bei übungsweiser Herstellung psychodiagnostischer Situationen im Unterrichtsbetrieb ist dafür Sorge zu tragen, daß die Studierenden in ihrer Funktion als Untersuchungsleiter sich gemäß den Richtlinien verhalten, die für die Beziehung des Psychologen zum Klienten verpflichtend gemacht wurden. Deshalb ist mit besonderer Vorsicht zu verfahren, wenn Studierende beauftragt werden, diagnostische Untersuchungsmittel relativ selbständig anzuwenden.

d) Der Psychologe wird die ihm in irgendwelcher Ausbildung anvertrauten Studierenden nur insoweit dazu veranlassen, an psychologischen Versuchen teilzunehmen, als dies im Rahmen der jeweiligen Ausbildung sinnvoll und gerechtfertigt erscheint.

e) Der Psychologe, der einen Praktikanten in seine Obhut nimmt, wird dafür Sorge tragen, daß dieser in einer seiner Persönlichkeit, seinen Fähigkeiten und seinem Ausbildungsstand angemessenen Weise beschäftigt und gefördert wird.

f) Das Vorstellen von Menschen als Demonstation im Rahmen psychologischer Lehrveranstaltungen ist nur zulässig, sofern dabei die Prinzipien sorgsam beachtet und eingehalten werden, die die Beziehung des Psychologen zum Klienten regeln.

g) Für die Ankündigung von Lehrveranstaltungen, die für eine breitere Öffentlichkeit bestimmt sind, wird der Psychologe Themenstellungen wählen, die Art und Inhalt seiner Lehrtätigkeit in angemessener Weise bezeichnen und die Weckung falscher Erwartungen ausschließen.

h) Bei der Publikation von Untersuchungen dürfen keine Daten ausgelassen werden, die die Ergebnisse und/oder Interpretationen in wesentlichen Teilen zu modifizieren geeignet sind.

i) Der Psychologe soll durch Klarheit und Eindeutigkeit seiner Darstellung so gut wie möglich zu verhindern trachten, daß seine Publikationen unangemessene Ausdeutung erfahren. Insbesondere bei populärwissenschaftlichen, für eine breitere Öffentlichkeit bestimmten Publikationen ist der Psychologe zu sachlicher und genauer, dem jeweiligen Stand der Psychologie entsprechender Darstellung verpflichtet. Übertreibende, sensationelle Darstellungsweise ist zu vermeiden.

j) Bei der Publikation von Tests arbeitet der Psychologe nur mit solchen Verlagen zusammen, die sich verpflichtet haben, den Vertrieb von Tests gemäß den Testschutzrichtlinien zu handhaben.

k) Publizierte Tests sollten bestimmten Mindestanforderungen genügen:

Testkonstruktionen und -standardisierung sollen möglichst genau beschrieben werden;

über die bereits durchgeführten Validierungsuntersuchungen soll berichtet werden;

die Populationen und die diagnostischen Zwecke, für die der Test entwickelt wurde, sind anzugeben;

die Zuverlässigkeit und die Gültigkeit des Tests betreffende Unzulänglichkeiten und Begrenztheiten sind ausdrücklich darzustellen; insbesondere ist auf möglicherweise naheliegende, aber noch nicht empirisch erhärtete Interpretationen warnend hinzuweisen;

die für eine verantwortbare Anwendung und Interpretation des Tests vorauszusetzende Qualifikation muß angegeben werden.

(Später zu ersetzen durch einen Hinweis auf die Empfehlungen des Testkuratoriums.)

l) Der Psychologe, der bei der Publikation irgendwelcher psychologischer Literatur - auch Tests oder sonstiger psychologischer Gerätschaften - mitwirkt, wird sich dafür einsetzen, daß diese Produkte in sachlicher und fachlich einwandfreier Form angeboten werden.

m) Teile aus Tests, beispielsweise irgendwelche Aufgaben oder Fragen, dürfen nur im Rahmen wissenschaftlicher Arbeiten in der einschlägigen fachwissenschaftlichen Literatur im Wortlaut publiziert werden. In anderen Publikationen (auch bei Darstellungen in Rundfunk oder Fernsehen bzw. bei ähnlicher Vortragstätigkeit) dürfen gegebenenfalls nur originalen Testaufgaben ähnelnde Items als Beispiele benutzt werden.

V. Grundsätze für das Anbieten psychologischer Dienste in der Öffentlichkeit

Das Anbieten psychologischer Dienstleistungen hat unter fachlichen, nicht unter kommerziellen Gesichtspunkten zu erfolgen.

Den Menschen, denen psychologische Dienste angeboten werden, fehlen oftmals Maßstäbe dafür, die Angemessenheit des Angebotenen zu beurteilen. Daraus erwächst dem Psychologen eine besondere Verpflichtung, in der Darstellung der von ihm angebotenen Leistung zurückhaltend und sachlich zu sein und jede Übertreibung und sensationelle Aufmachung zu vermeiden.

a) Der Psychologe wird sich keine Qualifikationen zusprechen, die ihm nicht zukommen; falls ihm von anderer Seite ihm nicht zukommende Qualifikationen zugesprochen werden, ist er verpflichtet, dies zu korrigieren.

b) Der Psychologe unterläßt es, von den Berufsorganisationen, denen er angehört, ein unrichtiges Bild zu vermitteln. Er wird seine Mitgliedschaft in Psychologen-Vereinigungen nicht für Zwecke ausnutzen, die mit den Zielsetzungen dieser Vereinigungen nicht vereinbar sind.

c) Der Psychologe wird es nicht zulassen, daß sein Name im Zusammenhang mit psychologischen Tätigkeiten oder Produkten verwendet wird, für die er nicht aktiv Verantwortung getragen hat.

d) Der Psychologe enthält sich einer direkten Anwerbung von Klienten für individuelle Diagnose oder Therapie.

e) Bei Eintragungen in Telefonverzeichnissen werden lediglich der Name, die relevanten Grade, Adresse und Telefonnummer angegeben; eventuell auch Hinweise auf die Zugehörigkeit zu Berufsorganisationen und auf die Hauptarbeitsgebiete des Psychologen.
Die Eintragungen, die private praktisch-psychologische Institute oder ähnliche Einrichtungen betreffen, werden in entsprechend zurückhaltender Form abgefaßt.

f) Eine Anzeige, durch die eine psychologische Privatpraxis bekanntgemacht werden soll, enthält lediglich den Namen des praktizierenden Psychologen, seine relevanten Grade, einen Hinweis auf die Berufsorganisationen, denen er angehört, Adresse, Telefonnummer, Sprechstunden und einen kurzen Hinweis auf die Art der psychologischen Tätigkeit, die er anbietet. Anzeigen privater praktisch-psychologischer Institute können die Namen der Mitarbeiter und ihre jeweiligen Qualifikationen in der entsprechenden Form aufführen. In der Abfassung der Anzeige ist so gut wie möglich zu vermeiden, daß über eine solche praktisch-psychologische Einrichtung unangemessene Vorstellungen erweckt werden.

g) Für irgendwelche privaten praktisch-psychologischen Einrichtungen ist der Name "Institut" oder eine ähnlich anspruchsvolle Bezeichnung nur dann zu verwenden, wenn personelle Besetzung, Ausstattung und Arbeitsweise der Einrichtung dies rechtfertigen.

h) Nichtklinische praktisch-psychologische Dienste dürfen durch den Versand von Prospekten an in Frage kommende Personen oder Institutionen angeboten werden. Die angebotenen Dienste dürfen darin nur sachlich beschrieben, nicht aber angepriesen werden. Die Prospekte dürfen keine "Äußerungen zufriedener Kunden" enthalten.

i) Der Psychologe darf nicht mit dem Hinweis auf spezielle Fähigkeiten oder auf besondere Arbeitsmittel werben, wenn deren Wirksamkeit nicht einwandfrei mit wissenschaftlichen Methoden erwiesen wurde.

Der Psychologe darf einem prospektiven Auftraggeber gegenüber keine übertriebenen Vorstellungen von der Wirksamkeit seiner eigenen Dienste vermitteln; seine diesbezüglichen Behauptungen dürfen nicht über das hinausgehen, was er bereit wäre vor Fachkollegen öffentlich zu vertreten.

VI. Grundsätze für die Beziehungen zu Berufskollegen und Fachleuten verwandter Berufsrichtungen

Der Psychologe ist seinen Kollegen und Fachleuten verwandter Berufsrichtungen gegenüber loyal, tolerant und hilfsbereit.

Umfang und Differenziertheit der Psychologie bringen es mit sich, daß der Psychologe jeweils nur in manchen Bereichen wirkliche Kompetenz erlangen und behaupten kann; demgemäß wird er - zumal wo er vor relativ komplexe Aufgaben gestellt wird - stets für die Möglichkeiten fruchtbarer Kooperation aufgeschlossen sein.

Auch die Tatsache, daß psychologische Berufsausübung innerhalb mancher Tätigkeitsbereiche in persönlichen Bezugssystemen und Gewohnheiten verwurzelt ist, wird den Psychologen geneigt machen, mit anderen zu kooperieren und sich mit den Eigenarten seiner Arbeitsweise dem kritischen Urteil anderer auszusetzen.

a) Der Psychologe wird im allgemeinen keinen Arbeitsauftrag annehmen, in Hinsicht auf den schon ein Kollege oder ein anderer einschlägiger Fachmann tätig geworden ist, es sei denn, jene anderen hätten ausdrücklich ihr Einverständnis dazu erklärt oder wären zumindest darüber informiert worden.

b) In der Zusammenarbeit mit Kollegen - auch wenn der Psychologe Vorgesetzter von Kollegen ist oder seinerseits Psychologen als Vorgesetzte hat - sollten im Interesse aller Beteiligten und aller möglicherweise mittelbar Betroffenen die Zuständigkeiten und Verantwortlichkeiten der Zusammenarbeit und die Modi ihrer Beendigung von vornherein klar festgelegt werden.

c) Der Psychologe darf von anderen Instanzen keine Provision nehmen dafür, daß er Klienten an sie überweist.

ETHISCHE RICHTLINIEN DER SCHWEIZERISCHEN GESELLSCHAFT FÜR PSYCHOLOGIE

1. Allgemeine Grundsätze

1.1. Der Psychologe trägt dazu bei, das Wissen und das Verständnis des Menschen für sich selbst und für andere zu vertiefen. Er achtet die Würde des Anderen; er vermeidet Handlungen und Äußerungen, welche diese Würde verletzen könnten; er erkennt allen Menschen das Recht auf Wahrung ihrer Würde zu.

1.2. Der Psychologe bemüht sich um das Wohl aller Personen, die ihn aufsuchen. Er ist dafür besorgt, daß Personen, die durch seine Tätigkeit betroffen werden, nicht zu Schaden kommen.

1.3. Der Psychologe übt seine Tätigkeit unvermeidlich in einer Gesellschaft aus, die ausdrückliche und stillschweigend anerkannte Normen besitzt. Er trachtet nicht nach sozialer Anpassung im Sinne einer gleichmacherischen Unterordnung, sondern berücksichtigt, daß andere Anpassungsformen möglich sind.

1.4. Der Psychologe kann auf Mängel, welche Verhaltensnormen und gesellschaftliche Werte vom psychologischen Standpunkt her zeigen, aufmerksam machen. Er kann geeignete Verbesserungen vorschlagen. Er unterstützt Bestrebungen, welche zur Persönlichkeitsentfaltung jedes Einzelnen beitragen.

1.5. Der Psychologe übt seinen Beruf - Forschung, Lehre oder psychologische Praxis - in voller Freiheit aus; er ist sich der Verantwortung bewußt, die diese Freiheit nach sich zieht, insbesondere im Hinblick auf die Lauterkeit seiner Ziele, die Qualität seiner Arbeit und die Folgen für sein Handeln und seine Objektivität. Er verweigert Aufträge, die im Widerspruch zu den vorliegenden Richtlinien stehen.

1.6. Der Psychologe hütet sich davor, die Autonomie von Mitmenschen einzuschränken. Insbesondere achtet er die Freiheit der Information, des Urteils und der Entscheidung.

2. Kompetenz und Verantwortung

2.1. Der Psychologe vermeidet jede Unklarheit bezüglich seiner Qualifikationen, seiner Ausbildung, seiner Ziele und der Ziele von Organisationen, denen er angehört; er verwahrt sich gegen Irreführungen über seine Person durch Dritte.
Er wendet sich gegen die berufliche Ausübung der Psychologie durch unqualifizierte Personen.

2.2. Der Psychologe bemüht sich um Klarheit über die Eigenart seiner eigenen Persönlichkeit. Er berücksichtigt die Grenzen seines beruflichen Wissens, seiner Kompetenz und seiner Methoden; er verpflichtet sich, seine Kenntnisse und Fähigkeiten weiter zu fördern.

2.3. Der Psychologe vermeidet das Angebot von Dienstleistungen oder Verfahren, die seine Kenntnisse und Fähigkeiten übersteigen. Wenn nötig zieht er kompetente Fachleute bei.

3. Beziehungen zum Klienten

3.1. Vor jeder Dienstleistung orientiert der Psychologe seinen Klienten über die allgemeinen Bedingungen, unter denen er bereit ist zu arbeiten, und informiert ihn über die Tragweite seiner Tätigkeit. Er unterrichtet den Klienten über besondere Umstände, welche ihre wechselseitigen Beziehungen beeinflussen könnten.

3.2. Bevor der Psychologe eine Dienstleistung im Auftrag eines Dritten übernimmt, läßt er den Auftraggeber seine Stellung, sein Verhältnis zum und seine Verantwortung gegenüber dem Klienten klarlegen. Umgekehrt erklärt der Psychologe dem Auftraggeber seine Funktion und seine Rolle gegenüber dem Klienten sowie die Art und die Grenzen seiner Handlungsmöglichkeiten. Im Falle eines Konflikts zwischen dem Psychologen und Drittpersonen, namentlich einem Auftraggeber, wahrt der Psychologe in erster Linie die Interessen seines Klienten.

3.3. Der Psychologe drängt seine Dienstleistungen niemandem auf.

3.4. Der Psychologe ist an das Berufsgeheimnis gebunden. Er verlangt die gleiche Verschwiegenheit von seinen Mitarbeitern, Praktikanten und Angestellten. Außerhalb seiner rechtlichen Verpflichtungen kann der Psychologe vom Berufsgeheimnis nur durch diejenigen entbunden werden, welche das Geheimnis betrifft.

3.5. Informationen und Ergebnisse, welche der Psychologe in seiner beruflichen Tätigkeit erlangt, sowie darauf gestützte Folgerungen oder Berichte unterstehen der Schweigepflicht. Sie dürfen nur mit Einwilligung des Betroffenen weitergegeben werden. Der Psychologe ist verpflichtet, seinem Klienten die Grenzen der Schweigepflicht darzulegen.

3.6. Der Psychologe darf Informationen oder Ergebnisse einer psychologischen Untersuchung für den Unterricht oder die Veröffentlichung nur benutzen, wenn die Anonymität des Betroffenen gewahrt ist. Im Zweifelsfalle holt der Psychologe das ausdrückliche Einverständnis des oder der Betroffenen ein.

4. Methoden

4.1. Die fortwährende Überprüfung und Erneuerung der angewendeten Methoden durch den Psychologen sind wesentliche Bedingungen seiner Tätigkeit in Praxis, Forschung und Lehre.

4.2. Der Psychologe überläßt keinem Nichtpsychologen die Sorge und die Verantwortung für die Wahl und die Anwendung der Methoden, welche er einsetzt.

4.3. Der Psychologe verwendet zu beruflichen Zwecken keine psychodiagnostische Methode oder andere Verfahren, wenn er nicht über eine entsprechende Ausbildung und hinreichende Erfahrung verfügt.
Er wendet sich gegen die Anwendung solcher Methoden und Verfahren durch Personen, deren Qualifikationen ungenügend sind.

5. Forschung und Lehre in der Psychologie

5.1. Diese Richtlinien gelten sinngemäß auch für die ethischen Probleme, welche sich in Forschung und Lehre der Psychologie stellen. Im Rahmen der Ausbildung macht der Lehrende die Studierenden auf die ethischen Konsequenzen ihrer Tätigkeit aufmerksam.

5.2. Für Psychologiestudenten gelten diese Richtlinien wie für Berufspsychologen. Die Lehrenden sind verpflichtet, die Studenten zu gegebener Zeit über Inhalt und Bedeutung der ethischen Richtlinien aufzuklären.

5.3. Der Psychologe trägt die Verantwortung für seine Forschungstätigkeit. Insbesondere sind Verfahren zu verwerfen, welche sich zum Nachteil der Versuchspersonen auswirken.

5.4. Bei Publikationen sollen alle Mitarbeiter erwähnt werden, welche maßgeblich zu ihrer Verwirklichung beigetragen haben.

6. Ausführungsbestimmungen

6.1. Die vorliegenden Richtlinien werden durch Anwendungsregeln ergänzt.

6.2. Im Zweifelsfall ist der französische Urtext maßgebend.

Genehmigt durch die außerordentliche Generalversammlung in Bern am 24. November 1973.
Angenommen durch die ordentliche Generalversammlung in Biel am 11. Mai 1974.

Literatur

ARGELANDER, H.: Zur Psychodynamik des Erstinterviews. Psyche 20: 40-53 (1966).

-: Das Erstinterview in der Psychotherapie. Psyche 21: 341-368. 429-467. 473-512 (1967).

-: Das Erstinterview in der Psychotherapie. Wissenschaftl. Buchgesellschaft Darmstadt 1970.

BARBER, B., LALLY, J.J., MAKARUSHKA, J.L., SULLIVAN, D.: Research on Human Subjects. Russel Foundation, New York 1973.

BATTEGAY, R.: Totale Fusion mit einem Objekt und dessen Zerstörung. Schweiz. Arch. Neurol. Neurochir. Psychiat. 129: 283-296 (1981).

BAUMRIND, D.: Some thoughts on ethics of research: After reading Milgram's "Behavioral study of obedience". Amer. Psychologist 19: 421-423 (1964).

BECK, D.: Krankheit als Selbstheilung. Insel, Frankfurt a.M. 1981.

BENEDETTI, G.: Der psychisch Leidende und seine Welt. Eine medizinisch-psychologische Studie. Kindler. München 1974.

BERGER. F.: Voten anl. der Gwatter Tagung der AGAB vom 1.-3. 10.1975. In: PULVER, U., LANG, A., SCHMID, F. (Hrsg.): Ist Psychodiagnostik verantwortbar? 250, 308. Huber, Bern/ Stuttgart/Wien 1978.

BERKUN, M.M., BIALEK, H.M., KERN, R.P., YAGI, K.: Experimental Studies of Psychological Stress in Man. Psychol. Monogr. 76 (15, Whole No. 534), 1962.

BLEULER, M.: Realistische und unrealistische Zielsetzungen in der Psychiatrie. Psychiat. clin. 13: 131-138 (1980).

BOSZORMENYI-NAGY, I., FRAMO, J.L. (Hrsg.): Familientherapie. Bd. 1 und 2. Rowohlt, Reinbek b. Hamburg 1975.

BRUSTEN,M.,HURRELMANN, K.: Abweichendes Verhalten in der Schule. 3. Aufl. Juventa, München 1976.

BRUSTEN, M., MÜLLER, S.: Kriminalisierung durch Instanzen sozialer Kontrolle. Analyse von Akten des Jugendamtes. Neue Praxis 2: 174-188 (1972).

BUCHLI, R.: Voten anl. der Gwatter Tagung der AGAB vom 1.-3.10.1975. In: PULVER, U., LANG, A., SCHMID, F. (Hrsg.): Ist Psychodiagnostik verantwortbar? 250, 251, 379. Huber, Bern/Stuttgart/Wien 1978.

Bund Deutscher Psychologen: Berufsethische Verpflichtungen für Psychologen. Hrsg. vom Bund Deutscher Psychologen in Verbindung mit der Deutschen Gesellschaft für Psychologie. Frankfurt a.M. 1967.

COOK, S.W.: Ethical Issues in the Conduct of Research in Social Relations. In: SELLTIZ, L., WRIGHTSMAN, L.S., COOK, S.W. (Hrsg.): Research Methods in Social Relations. 199-249. Holt, New York 1976.

CROWE, R.R.: An adoption study of antisocial personality. Arch. Gen. Psychiat. 31: 785-791 (1974).

DAMMANN, U.: Die falsche Front oder Wissenschaft und Datenschutz. Deutsche Universitäts-Zeitung 37: 608-611 (1981).

DÖRNER, K., KÖCHERT, R., LAER, G. von, SCHERER, K.: Gemeindepsychiatrie. Gemeindegesundheit zwischen Psychiatrie und Umweltschutz. Kohlhammer, Stuttgart/Berlin/Köln/Mainz 1979.

DÜHRSSEN, A.: Heimkinder und Pflegekinder in ihrer Entwicklung. 5. Aufl. Vandenhoeck & Ruprecht, Göttingen 1974.

EGG, R.: Sozialtherapie und Strafvollzug. Eine empirische Vergleichsstudie zur Evaluation sozialtherapeutischer Maßnahmen. Haag und Herchen Verlag, Frankfurt a.M. 1979.

EHEBALD, U.: Analytisch psychotherapeutische Versorgung der Bevölkerung - Wirklichkeit und Utopie. In: Deutsche Gesellschaft für Psychotherapie, Psychosomatik und Tiefenpsychologie (Hrsg.): Psychotherapie in der Versorgung. 91-121.1977.

Enquête: - Bericht über die Lage der Psychiatrie in der Bundesrepublik Deutschland - Zur psychiatrischen und psychotherapeutisch/psychosomatischen Versorgung der Bevölkerung. Bonn-Bad Godesberg 1975.

ERRERA, P.: Statement based on interviews with forty "worst cases" in the Milgram obedience experiments. In: KATZ, J. (Hrsg.): Experimentation with Human Beings. 400. Russel Sage Foundation, New York 1972.

FENN, R., KURY, H.: Der Psychologe im Spannungsfeld des Strafvollzuges. Erwiderung auf die vorstehende Diskussionsbemerkung von M. STELLER: Für eine Neubestimmung der Aufgaben von Strafvollzugspsychologen. Psychol. Rdsch. 29: 214-218 (1978).

FREUD, S.: Bemerkungen über die Übertragungsliebe (1915). G.W. X.

FUCHS, T.: Voten anl. der Gwatter Tagung der AGAB vom 1.-3. 10.1975. In: PULVER, U., LANG, A., SCHMID, F. (Hrsg.): Ist Psychodiagnostik verantwortbar? 240, 307. Huber, Bern/Stuttgart/Wien 1978.

GLEISS, J., SEIDEL, R., ABHOLZ, H.: Soziale Psychiatrie - Zur Ungleichheit in der psychiatrischen Versorgung. Fischer, Frankfurt a.M. 1973.

GLOVER, W.E., GREENFELD, A.D., SHANKS, R.G.: The contribution made by adrenaline to the vasodilatation in the human forearm during emotional stress. J. Physiol. 164: 422-429 (1962).

GOLDBERG, L.R.: Grades as motivants. Psychol. in the School 2: 17-24 (1965).

GRAWE, K.: Stellungnahme zum Artikel von V. HOBI über die Reglementierung der selbständigen psychotherapeutischen Tätigkeit durch Nicht-Ärzte. Schweiz. Z. Psychol. 38: 125-128 (1979).

GUNTRAM, U.: Entrüstet sich die Moral nur beim Mäusetest? Deutsche Universitäts-Zeitung 37: 462. (1981).

HALL WILLIAMS, J.E.: Richtlinien und Sicherheiten in bezug auf kriminologische Forschung. Kriminol. Bull. (Zürich) 6: 85-94 (1980).

HEIGL, F.: Indikation und Prognose in Psychoanalyse und Psychotherapie. Vandenhoeck & Ruprecht, Göttingen 1972.

HOBI, V.: Einige grundsätzliche Überlegungen zur Reglementierung selbständiger psychotherapeutischer Tätigkeit durch Nicht-Ärzte. Schweiz. Z. Psychol. 38: 97-109 (1979).

HUSTINX, A.: Soziotherapie für Delinquenten. Möglichkeiten und Grenzen. Psyche 30: 571-578 (1976).

IMOBERDORF, U.: Die diagnostische Situation. Bouvier, Bonn 1971.

KELMAN, H.: Manipulation of human behavior: An ethical dilemma for the social scientist. J. Soc. Issues 11: 31-46 (1965).

-: A Time to Speak: On Human Values and Social Research. Jossey-Bass Inc., San Francisco 1968.

-: The rights of the subjects in social research: An analysis in terms of relative power and legitimacy. Amer. Psychologist 27: 989-1016 (1972).

KIND, H.: Zur Reglementierung selbständiger psychotherapeutischer Tätigkeit durch Nicht-Ärzte. Schweiz. Z. Psychol. 38: 117-120 (1979).

KÖHLER-WEISKER, A.: Teilnehmende Beobachtung der frühen Kindheit in der psychoanalytischen Ausbildung. Psyche 34: 625-651 (1980).

KRUSE, L., KUMPF, M. (Hrsg.): Psychologische Grundlagenforschung: Ethik und Recht. Huber, Bern/Stuttgart/Wien 1981.

KURY, H., FENN, R.: Probleme und Aufgaben für den Psychologen im behandlungsorientierten Strafvollzug. Psychol. Rdsch. 28: 190-203 (1977).

-: Psychologen im Strafvollzug. Der Rollenkonflikt ist eingebaut. Psychologie heute, Heft 2: 43-46 (1978).

LANG, A.: Diagnostik und Autonomie der Person. Schweiz. Z. Psychol. 34: 221-232 (1975).

-: Diagnostik und Autonomie der Person. In: PULVER, U., LANG, A., SCHMID, F. (Hrsg.): Ist Psychodiagnostik verantwortbar? 17-29. Huber, Bern/Stuttgart/Wien 1978a,

-: Einige Überlegungen zur Rechtfertigung psychodiagnostischer Tätigkeit in der Beratung. In: PULVER, U., LANG, A., SCHMID, F. (Hrsg.): Ist Psychodiagnostik verantwortbar? 121-140. Huber, Bern/Stuttgart/Wien 1978b,

MAIER, O.: Zur Informationspflicht bei psychologischen Eignungsuntersuchungen. Psychol. u. Prax. 24: 49-57 (1980).

MARELLI, R., BATTEGAY, R., RAUCHFLEISCH, U.: Studie zur Bedeutung psychiatrischer und kognitiver Störungen bei Patienten mit offenen Herzoperationen (in Vorbereitung).

MAUCH, G., MAUCH, R.: Sozialtherapie und die sozialtherapeutische Anstalt. Enke, Stuttgart 1971.

MEERWEIN, F.: Das ärztliche Gespräch. Grundlagen und Anwendungen. 2. Aufl. Huber, Bern/Stuttgart/Wien 1974.

MENDE, W.: Zur Kriminologie depressiver Verstimmungen. Nervenarzt 38: 546-553 (1967).

MESSNER, K.: Dokumentation und Datenverarbeitung. In: SCHRAML, W.J., BAUMANN, U. (Hrsg.): Klinische Psychologie II. Methoden, Ergebnisse und Probleme der Forschung. 113-145. Huber, Bern/Stuttgart/Wien 1974.

MILGRAM, S.: Behavioral study of obedience. J. abnorm. soc. Psychol. 67: 371-378 (1963).

-: Some conditions of obedience and disobedience to authority. Human Relations 18: 57-75 (1965).

-: Obedience to Authority: An Experimental View. Harper & Row, New York 1974.

MINUCHIN, S.: Familie und Familientherapie. Theorie und Praxis struktureller Familientherapie. 4. Aufl. Lambertus, Freiburg i. Br. 1981.

MONEY, J., EHRHARDT, A.A.: Man and Woman. Boy and Girl. Differentiation and Dimorphism of Gender Identity from Conception to Maturity. John Hopkins Press, Baltimore 1972. Deutsch: Männlich - Weiblich. Die Entstehung der Geschlechtsunterschiede. Rowohlt, Reinbek b. Hamburg 1975.

MORRIS, R.T., SHERLOCK, B.J.: Decline of ethics and the rise of cynism in dental schools. J. Health Soc. Behav. 12: 290-299 (1971).

MOSER, T.: Repressive Kriminalpsychiatrie. Vom Elend einer Wissenschaft. Eine Streitschrift. Suhrkamp, Frankfurt a.M. 1971.

MOSER, U.: Gesprächsführung und Interviewtechnik. Psychol. Rdsch. 15: 263-282 (1964).

MOSER, U., STRAUCH, I.: Bemerkungen zu dem Artikel von V. HOBI. Schweiz. Z. Psychol. 38: 121-124 (1979).

PAPPWORTH, M.H.: Menschen als Versuchskaninchen. Experiment und Gewissen. Albert Müller, Zürich 1968.

PFENNINGER, R.K.: Gespräch und Begegnung in der diagnostischen Situation. Diss.phil. Zürich. Juris, Zürich 1979.

POHLEN, M., TENKEL, A. (Hrsg.): Psychotherapie als Dialog. Festschrift für ERNST BLUM. Huber, Bern/Stuttgart/Wien 1973.

POTTHOFF, P.: Der Tod im medizinischen Denken. Enke, Stuttgart 1980.

PROVENCE, S., LIPTON, R.C.: Infants in Institutions. International Universities Press, New York 1962.

PULVER, U., LANG, A., SCHMID, F.W. (Hrsg.): Ist Psychodiagnostik verantwortbar? Huber, Bern/Stuttgart/Wien 1978a.

PULVER, U.: Die Krise der psychologischen Diagnostik - eine Koartationskrise. In: PULVER, U., LANG, A., SCHMID, F. (Hrsg.): Ist Psychodiagnostik verantwortbar? 30-41. Huber, Bern/Stuttgart/Wien 1978b.

QUENSEL, ST.: Wie wird man kriminell? Verlaufsformen fehlgeschlagener Interaktion. Krit. Justiz 4: 375-382 (1970).

RASCH, W.: Zu den Bedingungen der Personal-Kooperation in sozialtherapeutischen Anstalten. Notizen für den Supervisor. Gruppendyn. 7: 352-359 (1976).

RAUCHFLEISCH, U.: Dissozial. Entwicklung, Struktur und Psychodynamik dissozialer Persönlichkeiten. Vandenhoeck & Ruprecht, (Kleine Vandenhoeck-Reihe), Göttingen 1981.

-: Zur ambulanten Psychotherapie mit Delinquenten. Psyche 36: 307-326 (1982).

REHN, G.: Strukturen der sozialtherapeutischen Anstalt und deren Auswirkungen auf das Selbstverständnis und das Handeln der Therapeuten. Gruppendyn. 7: 342-352 (1976).

REZLER, A.G.: Attitude changes during medical school: a review of literature. J. Med. Educ. 49: 1023-1030 (1974).

ROBERTSON, J.: Der Einfluß der mütterlichen Betreuung auf die frühe Entwicklung. Psyche 18: 273-291 (1964/65).

-: Mutter-Kind-Interaktionen im ersten Lebensjahr. Psyche 31: 167-182 (1977).

ROBERTSON, J., BOWLBY, J.: Responses of young children to separation from their mothers. Courr. Cent. Int. Enf. 2: 131-142 (1952).

ROHDE, J.J.: Die zukünftige Rolle der Psychotherapie in der medizinischen Versorgung aus medizin-soziologischer Sicht. In: Deutsche Gesellschaft für Psychotherapie, Psychosomatik und Tiefenpsychologie (Hrsg.): Psychotherapie in der Versorgung. 61-78. 1977.

SACK, F.: Definition von Kriminalität als politisches Handeln: der labeling approach. In: Arbeitskreis Junger Kriminologen (Hrsg.): Kritische Kriminologie, Beiträge zu einer Standortbestimmung. 18-43. Juventa, München 1974.

SAGEBIEL, F.: Schwierigkeiten bei der Organisation von Sozialtherapie. Rollen- und Autoritätsstruktur in der Modellanstalt Düren. Krim. J. 5: 16-30 (1973).

SCHMID, F.: Voten anl. der Gwatter Tagung der AGAB vom 1.-3. 10.1975. In: PULVER, U., LANG, A., SCHMID, F. (Hrsg.): Ist Psychodiagnostik verantwortbar? 197, 278, 294, 366. Huber, Bern/Stuttgart/Wien 1978.

SCHMID-KITSIKIS, E., RIEBEN, L., RIBAUPIERRE, A. de: A propos de l'article de V. HOBI "Grundsätzliche Überlegungen zur Reglementierung selbständiger psychotherapeutischer Tätigkeit durch Nicht-Ärzte". Schweiz. Z. Psychol. 38: 110-116 (1979).

SCHMIDT, U.: Studienreform und Berufsbild. Pressedienst Wissenschaft der FU Berlin, Berlin 1972.

SCHÖNENBERGER, W.: Votum anl. der Gwatter Tagung der AGAB vom 1.-3.10.1975. In: PULVER, U., LANG, A., SCHMID, F. (Hrsg.): Ist Psychodiagnostik verantwortbar? 283. Huber, Bern/Stuttgart/Wien 1978.

SCHULER, H.: Ethische Probleme psychologischer Forschung. Hogrefe, Göttingen/Toronto/Zürich 1980.

Schweizerische Gesellschaft für Psychologie: Ethische Richtlinien - Code Déontologique. Schweiz. Z. Psychol. 34: 359-366 (1975).

SELVINI PALAZZOLI, M.: Paradoxon und Gegenparadoxon. Ein neues Therapiemodell für die Familie mit schizophrener Transaktion. Klett, Stuttgart 1977.

SHEPARD, M., LEE, M.: Marathon 16. Putnam's Sons, New York 1970.

SPECHT, F.: Hinweise zu Aufzeichnungen in Erziehungsberatungsstellen und zur Einsichtnahme durch Betroffene (Jugendliche, Sorgeberechtigte). Landesarbeitsgemeinschaft für Erziehungsberatung Niedersachsen, November 1981a.

-: Allgemeine Hinweise zu: Datenschutz, Verletzung von Privatgeheimnissen, Schutz von Sozialdaten, Zeugnisverweigerungsrecht, Schweigepflicht der Beamten und Angestellten. Landesarbeitsgemeinschaft für Erziehungsberatung Niedersachsen, November 1981b.

SPECHT, F., SCHÜTT, K.: Einige Überlegungen zur Ausübung von Psychotherapie. Bundeskonferenz für Erziehungsberatung, Fürth 1977.

STELLER, M.: Für eine Neubestimmung der Aufgaben von Strafvollzugspsychologen. Diskussionsbemerkung zu dem Beitrag von KURY, H., und FENN, R.: Probleme und Aufgaben für den Psychologen im behandlungsorientierten Strafvollzug. Psychol. Rdsch. 29: 209-213 (1978).

STIERLIN, H.: Von der Psychoanalyse zur Familientherapie. Klett, Stuttgart 1975.

STOLLER, R.J.: The Transsexual Experiment. Hogarth Press, London 1975.

STRICKER, L.J.: The true deceiver. Psychol. Bull. 68: 13-20 (1967).

SULLIVAN, H.ST.: The Psychiatric Interview. Norton, New York 1954.

TRIEBE, J.K.: Eignung und Ausbildung: Vorüberlegungen zu einem eignungsdiagnostischen Konzept. Schweiz. Z. Psychol. 34: 50 (1975).

TRIEBE, J.K., FISCHER, H., ULRICH, E.: Problemstudie zur Informations- und Entscheidungsfindung bei der Auswahl von Bewerbern für den öffentlichen Dienst. (Studienkommission für die Reform des öffentlichen Dienstrechts. Bd. 10) Nomos, Baden-Baden 1973.

USLAR, D. von: Der psychodiagnostische Prozeß in der Sicht der anthropologischen Psychologie. In: PULVER, U., LANG, A., SCHMID, F. (Hrsg.): Ist Psychodiagnostik verantwortbar? 169-185. Huber, Bern/Stuttgart/Wien 1978.

WALLER, H.: Zur sozialen Selektion einer psychiatrischen Klinik. In: DÖRNER, K., PLOG, U. (Hrsg.): Sozialpsychiatrie. Luchterhand, Neuwied 1972.

WEBER, S.J., COOK, T.D.: Subject effects in laboratory research: An examination of subject roles, demand characteristics, and valid inferences. Psychol. Bull. 77: 273-295 (1972).

WILLNER, A.E.: Conceptual Level Analogy Test. Cognitive Testing Service, New York 1971.

WILLNER, A.E., RABINER, C.J.: Psychopathology and cognitive dysfunction five years after open-heart surgery. Compreh. Psychiat. 20: 409-418 (1979).

WYLER, J.: Transsexualismus. Diss. med. Basel 1978.

WYLER, J., BATTEGAY, R., KRUPP, S., RIST, M., RAUCHFLEISCH, U.: Der Transsexualismus und dessen Therapie. Schweiz. Arch. Neurol. Neurochir. Psychiat. 124: 43-58 (1979).

Sachwortverzeichnis